—社会工作与社会治理丛书—

本书获"山东省高等学校青年创新团队发展计划
——基于大数据的健康养老服务团队"资助

孙旭友
闫小红 等
著

城乡养老服务模式

实践创新与经验反思
Practical Innovation and Experience Reflection

URBAN AND RURAL
ELDERLY CARE
SERVICE
MODEL

社会科学文献出版社
SOCIAL SCIENCES ACADEMIC PRESS (CHINA)

总　序

改革开放 40 多年以来，我国取得了举世瞩目的经济快速发展成果，并长期保持社会稳定。党的十八大以来，中国式现代化建设进入了新的历史阶段，我国人民的获得感、幸福感和安全感不断提升。随着改革开放的进一步深化，我国出现了一系列新的社会问题，人口老龄化、生育率下降、城乡差距扩大、社会保障体系不完善、结构性失业等问题日益凸显。这些问题对国家治理体系和治理能力现代化提出了挑战。

国家治理体系现代化是中国式现代化的重要组成部分，而社会治理体系是国家治理体系的重要内容。中央社会工作部的成立，对于社会工作的专业性和社会治理特别是基层社会治理的理论性、科学性、应用性提出了更高的要求。在新的"大社会工作"格局下，社会工作学科将在健全社会治理体制中发挥更重要的作用。

当前，中国的社会工作、社会治理与社会政策等学科面临着诸多挑战与机遇，中国式现代化建设对社会工作相关学科的发展提出了更高的要求。社会工作相关学科的论著与国家和社会的需要还存在着一定差距，在中国自主知识体系建构方面还没有取得显著的成效，这在一定程度上制约了我国社会工作与社会治理理论和实践的深化与发展。鉴于此，山东女子学院"社会工作与社会治理丛书"应运而生，旨在为中国社会工作与社会治理领域的发展尽一份力量。

山东女子学院社会工作专业始建于 1996 年，是山东省开设的第一个社会工作专业。社会工作专业围绕学校应用型地方特色名校的办学定位，培养具有社会性别意识，"仁爱尊重、公平正义、助人自助"价值理念，为妇女、儿童、老年人提供精准服务的高素质应用型、复合型社会工作人才。在学界同仁的关怀和大家的共同努力下，社会工作专业建设取得了一定成绩。山东女子学院社会工作专业 2019 年获批山东省一流本科专业建设点，2002 年获批教育部教学改革试点专业和国家一流本科专业建设点。与此同时，社会工作学科形成以妇女发展为中心，融合儿童、老年人、环境多个研究点的"一核多点"特色研究格局与人才培养体系，产生了一定的学术和社会影响。

本丛书的出版，是山东女子学院社会工作专业开展国家级一流本科专业建设的系列成果之一，也是社会工作学科不断发展的见证。编写这样一套丛书旨在为社会工作者提供理论指导和实践经验。本丛书的内容涵盖了城乡福利发展、养老服务管理、生活垃圾分类治理以及城乡养老服务模式等多个方面。希望本丛书的出版，能够推动社会工作与社会治理领域自主知识体系的建构和专业知识的普及，促进我国社会工作专业队伍的成长壮大，进而提升大社会工作的整体水平和社会治理的有效性。同时，也希望这套丛书能够成为政府决策部门的重要参考，为制定和完善更加科学合理的社会工作与社会治理政策提供坚实的理论基础和实践经验。

张文宏

南开大学社会学院院长

中国社会学会副会长

2024 年 10 月 20 日

前　言

国家统计局发布数据显示，截至 2023 年末，中国 60 岁及以上人口 29697 万人，占全国人口的 21.1%，其中 65 岁及以上人口 21676 万人，占全国人口的 15.4%。按照人口老龄化的测量标准，我国已经迈入中度老龄化社会。需要看到的是，随着人口出生率的下降、医疗卫生水平的提升及人口寿命的延长，未来十年，我国的人口老龄化程度会更高。如何看待人口老龄化的现状及其产生的一系列社会问题？如何辩证分析老年人口的多维优势及其面临的复合问题？如何应对不同区域、不同类别的老年人口的多元需求？为有效应对老龄化，我国从政策、理论和实践层面做出了怎样的回应？具有中国特色的城乡养老服务模式该如何提炼？城乡养老服务面临哪些新形势和新问题？为了对上述问题进行学理和实践层面的总结分析，山东女子学院社会与法学院教师团队编写了《城乡养老服务模式：实践创新与经验反思》一书。

本书共分为城市篇、农村篇和专题篇三个篇章。三个篇章前后联系，彼此衔接，结构一致，力求从微观、中观相结合的视角，分析我国城乡养老服务模式的创新实践和行动历程。本书从政府、企业、高校、社会组织和老年人自身重点关注的养老现象着手，坚持理论与实践有机结合的系统思维，坚持整体与细节并重的写作逻辑，分析了养老服务领域的相关议题。具体撰写分工：第一章"物业+养老"服务模式：内在张力及其消解，孙旭友；第二章城市社区老年人整合照顾，赵记辉；第三章农村养老服务模式：实践创新与经验反思，苏海、刘静；第四章农村幸福院互助养老：圈层分析与可持续路径，孙旭友；第五章农民合作社互助养老模式：运行机制与政策建议，刘静；第六章智慧养老服务模式：发展现状与路径创新，祝国红；第七章智慧养老服务：技术专利发展及大数据分析，李军、尹蕾蕾、石慧；第八章长期照护保险：地方实践与政策建议，王文静；第九章家庭养老服务模式：社会替代与路径构建，闫小红；第十章养老诈骗风险：生成逻辑与化解路径，孙旭友；第十一章机构养老服务：意外风险及其文化应对，谢培熙；前言由苏海撰写，孙旭友负责统筹、修改、完善书稿。

　　本书作为山东女子学院服务"一老一小"民生事业的主要成果之一，秉持从田野调查中获得一手资料、在理论书籍阅读和讨论中获取灵感、在政策分析和一线实践中验证结论的撰写思路，系统分析了当前城乡养老服务中的一系列前沿问题，能够对城乡养老服务的政策制定者、理论研究者、一线工作者有所启发和引导，也可以作为社会工作、养老服务与管理等相关专业学生的辅助学习资料。当然，本书在理论和方法层面还有很多不足，会在后期继续改进，也期待各位读者多提宝贵意见。

目 录

城市篇

第一章 "物业+养老"服务模式：
内在张力及其消解[*]

目前我国人口老龄化趋势日益严重，人口老龄化程度进一步加深。根据国家统计局相关数据，2022 年末，全国 60 岁及以上人口 28004 万人，占全国人口的 19.8%；其中 65 岁及以上人口 20978 万人，占全国人口的 14.9%。2022 年，我国人口首次出现负增长，同时，老年人口快速增加，这将成为今后发展的趋势，意味着我们面临的养老压力不断加大。在我国家庭本位、依靠子女养老等传统养老文化影响下，老年人养老选择依然呈现"9073"格局，即 90% 左右的老年人居家养老，7% 左右的老年人依托社区支持养老，3% 的老年人入住机构养老。就地养老仍是老年人养老的优先选项，而与之相矛盾的是家庭小型化与家庭照护功能的不断弱化，这就预示着政府和社会需要承担更多的养老责任。

在我国社会老龄化程度日益加深与积极应对人口老龄化上升为国家战略的背景下，国家日益重视社区居家养老模式及其服务供给效果，并积极倡导社区居家养老服务供给主体多元化。但是，社区居家养老仍面临"社区环境适老化不足、社区医疗卫生服务供给不足、养老服务供需矛盾突出、社区精神文化关怀不足、紧急救援不完善等问题"（李志

---

[*] 本章曾以《"物业+养老"服务模式的内在张力及其消解》为题发表于《前沿》2022 年第 6 期。相关政策详见《关于加快发展养老服务业的若干意见》（2013 年）、《关于加强养老服务设施规划建设工作的通知》（2014 年）、《关于推进养老服务发展的意见》（2019 年）、《关于推动物业服务企业发展居家社区养老服务的意见》（2020 年）等文件，以及山东、北京、浙江、上海等地出台的"物业+养老"相关的地方性法规。

宏，2021）。支持和推动物业服务企业发展社区居家养老服务，成为政府有效破解高龄、空巢、独居、失能老年人生活照料和长期照护等社区养老难题，积极落实居家为基础、社区为依托、机构为补充、医养相结合养老服务体系的有效举措。自 2013 年起，国家相关部门及东部发达省份就相继出台政策规制，积极推动物业服务企业开展社区居家养老相关业务，优化物业服务企业养老服务供给模式。物业服务企业进入社区居家养老服务领域有国家政策的规范引导，也进入地方政府发展规划与落地实施阶段。例如，2021 年 9 月，山东省住房和城乡建设厅、山东省民政厅确定山东绿地泉物业服务有限公司等 15 家物业服务企业为社区居家养老服务试点单位，要求试点单位一年后就"物业+养老"服务的经验与模式进行总结验收。① 央地相关政策出台与落地，为物业服务企业参与养老服务提供了制度保障；相关物业服务企业亦响应政策号召，积极拓展业务范围。"物业+养老"服务成为物业服务企业在社区服务范畴的新业务，也是社区居家养老服务供给的创新模式。

第一节　物业服务与养老服务需求有效衔接

"物业+养老"服务模式是指物业服务企业借助常驻社区、贴近居民、反应迅速等地缘和业缘优势，力图通过"物业服务"和"养老服务"的社区衔接与业务拓展，提升社区居家养老服务供给与效果的创新模式。"物业+养老"服务模式的良性运行以相关政策法规为制度基础，以社区居家养老服务需求满足为前提，也需要企业在可承受空间计算运营成本。全国各地物业服务企业自发或自觉开展的养老服务，形成了诸多实践模式与服务经验，也为透视"物业+养老"服务模式的运

---

① 为进一步积极探索"物业+养老"服务模式，2022 年山东省住房和城乡建设厅、山东省民政厅确定银丰智慧物业服务集团有限公司等 15 家物业服务企业为第二批试点单位。

行逻辑、内在张力、实施效果等问题提供了"棱镜"。根据对新闻报道与田野调查资料①的分析发现，"物业+养老"服务模式在社区的实际运行，面临居民不认可、企业入不敷出、养老资源不足、物业服务与养老服务衔接不畅等各种问题。其中两类社会困境尤为突出，影响了社区居家养老的有效供给与服务绩效，甚至导致"物业+养老"服务模式的社区实践呈现"两层皮"现象。

一是服务对象响应困境。与国家积极推动"物业+养老"社区居家养老政策创新、物业服务企业积极参与"物业+养老"服务输出相比，养老服务的需求方（老人及其家庭）认可度不高、反应比较冷淡，形成了"冰火两重天"的社区居家养老服务怪象。笔者在诸多商品房小区的调研发现，物业服务企业通过养老机构运营补贴、购买政府老年人免费午餐等方式，获得政府养老财政的支持，筹建了老年人日间照料中心、社区食堂、幸福餐桌、综合养老服务中心、智慧养老服务平台等基础设施，为社区老人提供以"助餐、助医、助洁、助浴、助急、助乐"为主的"六助"服务。健全的养老服务设施无法唤起社区老人利用社区居家养老服务的积极性，养老服务清单难以与社区老人养老需求、家庭成员养老要求匹配，物业养老服务得不到居民的认同与回应，已成为物业服务企业开展养老服务的主要实践难题。江文娟（2021）基于对安徽省合肥市67个住宅小区的实地调研，提出物业管理行业面临工作内容繁杂而琐碎、养老服务人才紧缺等问题，如何利用现有的资源开展各项为老服务成为摆在物业服务企业面前的一道难题。

二是养老服务供给困境。物业服务企业有开展社区居家养老服务的先天优势，如常驻社区、贴近居民、响应快速、熟知社区状况等位置优势，以及成熟运营经验、优质服务平台等品牌效应，相对容易形成长期

①　本章所涉及的实证资料主要来源于两个方面：一是笔者在山东省济南、青岛、威海等地的15家物业养老企业做的实地调查；二是通过网上查阅方式，收集到的相关物业服务企业开展养老服务的资料。

的"服务-消费"地缘信任关系。Carpenter 等（2004）通过对 11 个欧洲国家的社区养老服务进行结构化比较和综合标准化评估，比较了不同社区养老服务和护理模式的效果，分析了物业服务企业参与社区养老服务的优势。但是，物业服务企业的养老业务专业性不强、服务内容不完整、服务队伍不健全等转型阵痛，不利于"物业+养老"服务模式的业务开展与服务供给。邵文娟（2013）基于对大连市的物业服务企业调研发现，物业服务企业提供老年服务虽具有诸多优势，但是仍存在服务队伍不专业、为老服务意识淡薄、政府支持力度不够等问题。笔者通过调研也发现，物业服务企业开展社区居家养老服务往往从政府重视的日间照料中心或社区食堂开始，养老业务集中于对活力老人、失能半失能老人零散的上门服务以及社区餐饮外卖服务等。如何实现物业服务企业的养老业务深度拓展、社区接纳与专业化转型，考验着"物业+养老"服务模式的社区运行效果。

"物业+养老"服务模式自上而下的政府推动与物业服务企业积极的市场响应，扩大了社区居家养老服务供给范畴，在一定程度上突破了社区居家养老服务困境，但是其实践难题也较为明显，往往难以获得社区社会力量的有效回应。"物业+养老"服务模式难以同时满足企业运行成本、居民生活、老人养老等方面的需求，社区居家养老服务的需求侧与供给侧难以达成平衡。物业服务企业的社区优势难以有效发挥、物业养老服务供给短板短期内难以补齐与社区居民养老服务需求日益多元且急迫之间的矛盾，阻碍"物业+养老"服务模式的实践创新与效能提升。"物业+养老"服务模式的社区实践困境，加深了物业服务与养老服务之间的裂痕，是"物业+养老"服务模式内在张力的表现。为有效推进"物业+养老"的服务供给，加快推动以"物业+养老"方式创新社区居家养老服务体系，实现物业服务与养老服务的有效衔接以弥合其内在张力就显得尤为迫切。

第二节　"物业+养老"服务模式的内在张力

一　市场还是社会的服务属性张力

商品房小区是城镇居民的主流居住模式，物业服务企业是商品房小区物业管理服务的主要提供方。与原先的单位制小区单位全权负责、老旧小区基层政府兜底不同，商品房小区的物业管理服务主要是通过市场化竞聘的方式聘请物业公司提供。①《物业管理条例》第三条规定，国家提倡业主通过公开、公平、公正的市场竞争机制选择物业管理企业。物业服务伴随住房市场化、土地商品化与公民权利觉醒而兴起，是物业服务企业根据契约关系与合同要求提供的专业化服务，是物业服务企业与全体业主按照供需、平等、自愿等原则，围绕小区生活区域的物业管理达成的服务供给与服务购买关系。

与物业服务的单一市场逻辑相比，养老服务根源于家庭养老的社会逻辑与文化传统，在不断向社会化养老转型过程中，社会属性一直是其内在特征。随着我国人口老龄化的快速发展与老龄人口的不断增加，推进养老服务社会化成为应对家庭养老功能弱化与养老服务需求多样化的必然举措。养老社会化或社会化养老是指"对老年人的赡养方式由家庭逐渐转向社会的过程及其产生的结果"（邓伟志，2009），其核心特征是"投资主体多元化、服务对象公众化、服务方式多样化、运行机制市场化、服务队伍专业化和志愿者相结合"（董红亚，2010）。国家实施积极应对人口老龄化战略、完善家庭养老功能支持体系以及加快居家为基础、社区为依托、机构为补充、医养康养结合的养老服务体系的构建与

---

① 当前城市中的单位社区、回迁社区、老旧小区等特殊类型社区，物业服务由物业服务企业提供，但物业费可能会采取居民缴费、政府托底、集体补贴等多种形式及其组合收取，政治逻辑与社会自治机制明显，市场机制相对弱化。

运行，凸显了国家、市场、社区、家庭等多元主体在养老服务体系中不同的角色定位。在社会化养老趋势下，家庭养老功能弱化与被替代不可逆转，但是家庭养老的基础性地位、社区作为养老的功能性区域仍不断得以强化。养老服务是家庭、社区、企业、公众、政府相互合作与服务供给的过程。社区居家养老服务本质上是按照家庭义务、社会互惠、市场供求与国家治理等混合属性加以安排的制度体系与服务系统。

物业服务的市场化属性决定其必然按照市场供求与契约合同开展服务，物业服务企业与业主之间是单纯的服务与被服务关系。养老服务需要在国家要求、市场原则、社区互助、家庭供养、养老文化等不同属性之间达成均衡。物业服务企业完全按照市场化原则开展养老服务，就会带来养老服务市场属性与政治属性、社会属性之间的张力。物业服务企业开展养老服务面临兼顾服务的市场化与社会化的张力和服务供给的困境。"物业+养老"服务模式的属性张力带来损害社区居家养老服务多元供给的有效性及其融合效果的风险。

二 抽象还是具体的服务对象张力

按照《物业管理条例》第二条规定，物业管理是指业主通过选聘物业管理企业，由业主和物业管理企业按照物业服务合同约定，对房屋及配套的设施设备和相关场地进行维修、养护、管理，维护相关区域内的环境卫生和秩序的活动。物业服务企业的业务范畴是兼具公共与个人双重属性的社区公共区域，很少介入业主家庭生活空间与私人事务。另外，物业服务企业需要面对业委会与业主两个服务对象。业委会代表全体业主对物业服务企业监督，具有组织明确性；物业服务企业所服务的对象——全体业主的集体化具有相对模糊性，社区业主只是笼统的聚合体，较难指向具体行动主体。在监管组织明确与服务对象模糊、小区公共区域与私人空间分明的物业服务界面，物业服务更多的是针对全体业主的集体事务与公共区域开展，物业服务对象相对抽象。

与物业服务对象的相对抽象相比，养老服务对象则显得具体而生动。一般而言，养老服务是为老年人提供的照料、医疗、康养、精神等方面的服务，也需要转移因照顾老人带来的家庭负担与个体困扰。养老服务的直接对象是那些需要经济供养、生活照料与精神慰藉的老年人群体，间接对象是老年人背后的家庭成员及其亲属。落地于某个具体的小区，按照养老需求与服务指向，社区家庭被划分成有养老服务需求的家庭与没有养老服务需求的家庭两大部分。老年人及其家庭情况、老年人数量及养老服务需求、老年人身体状况等相关信息相对明朗与可识别，可以通过人口普查、智慧养老平台等加以统计、分析、跟踪与展示。那些有养老服务需求的老年人群体及其家庭成员相对固定，物业养老服务对象具有确定性。

物业服务对象的抽象性要求物业服务企业可以只针对社区公共物业与业主集体事务开展服务，这也是近年来物业服务企业与业主之间矛盾纠纷颇多的原因之一。社区养老服务供给需要以老年人及其家庭的养老服务需求为依据，针对具体的老人个体、具体的家庭养老安排开展。物业服务企业开展养老服务，需要从社区公共物业转向家庭、个人养老需求，需要从抽象化的全体业主转向具体的老人及其家庭成员，这带来了服务业务与服务对象双重转向的内在张力。物业服务企业开展养老服务面临从公共物业到家庭养老、从抽象对象到具体个人的服务范畴与服务对象有效衔接的困境。"物业+养老"服务模式的对象张力影响社区居家养老服务专业化路径拓展及养老需求主体的认可度。

三　单一还是多元的服务主体张力

社区作为地域社会生活共同体，是落实党的十九届四中全会"人人有责、人人尽责、人人享有"社会治理共同体的基本单元。在"党委领导、政府负责、企业协同、社会与公众参与"的治理体制机制下，现代社区管理服务是一个多元主体协同的合作过程。在社区管理服务范畴与主体关系场域内，基层政府、居委会、物业公司、业委会、社区社会组织、社工等多元化服务主体都深度嵌入社区场域，居委会、业委会与物业公司更是被称为社区治理的"三驾马车"。社区治理空间与服务过程的多元主体格局是基层社区的基本现实与运行架构，多元主体遵从潘光旦的"位育"逻辑，各司其职、相互协作。物业服务企业是小区提供物业服务的唯一合法主体，其服务主体合法性有政策规章的文本规定，也有物业服务协议的市场约束，还受到居委会、业委会等相关主体的组织监督与业务指导。

与物业服务相对单一的服务供给主体相比，养老服务供给主体则相对多元且复杂。养老服务内容多维、供给多种、主体多元、需求多样等因素决定了养老服务供给可以存在多种方式，也可以是多种养老方式的融合。例如，养老服务可以来源于老人自己及其家庭成员，也可以借助养老机构、基层政府等的养老资源。国家倡导社区居家养老服务就是预期达成"个体-家庭-社区-机构-政府"多元养老主体的在地化合作，通过"老人居家+服务社区化"的方式，实现养老服务资源与养老服务需求的有效衔接。物业服务企业开展养老服务、推进社区居家养老模式创新，可以增加社区居家养老服务资源、拓宽养老服务供给路径与精准定位养老服务需求，但是养老服务业务的开展是物业服务企业职能的延展，也是养老服务模式、服务资源、服务主体等下沉社区的过程，必然需要家庭、社区、养老机构与医疗机构甚至民政、卫健委等政府部门的资源支持与业务指导。

物业服务企业开展养老服务是一个融合多元主体、多方资源和多种服务逻辑的重构过程，需要引入养老设施、医疗机构、养老人才与保险资源等，需要符合政府要求、行业准入规则，也需要切合老年人养老意愿、家庭成员态度与社区支持等。物业服务企业开展养老服务面临从单一主体向多元主体转化的合作困境。社区居家养老服务的物业介入与多元主体合作，可能会带来主体关系重构、合作意图冲突、主体缺位等关系张力，产生资源整合效果不佳以及物业服务企业开展养老服务的运行成本增加等现实困境。

第三节 "物业+养老"服务模式内在张力的消解

一 重回社区生活空间是基础

社区是集生活共同体、国家治理单元与市场运作空间于一体的"三合一"场域。物业服务企业的社区服务供给是在生活需求、政治要求与市场供求等不同运作逻辑角力场展开的，也要与业主、居委会、社区社会组织、基层政府等相关社区行动者建立合作关系，社会、国家与市场三种力量的社区均衡甚至和谐共赢是一种理想状态。"物业+养老"服务模式已经得到政府支持与企业响应，获得社会组织支持、社区居民认可成为"物业+养老"服务模式良性运行的关键。"物业与养老同属于生活服务范畴，区别在于物业服务关注重点在'事'，而养老服务聚集点在'人'，两者的交汇点在'家庭'。"（王佳伟，2022）社区居家养老服务的开展以老年人养老需求与养老意愿为基础，以家庭养老功能弱化与功能让渡为前提，以社区养老设施与养老服务供给为保障。"物业+养老"服务开展需要嵌入社区生活空间，基于家庭养老服务需求，整合社区养老资源，实现"养老需求定位精准—养老功能衔接有效—养老服务供给优化"的良性循环与养老服务信任关系的建立。

物业服务企业可以借助常驻社区、与民为邻的位置优势，以及积极为居民开展物业服务的业务关系，摸底社区养老需求与养老资源。例如，就家庭人口数量、居民职业分布、家庭经济收入、老年人身体状况等社区信息，可以分门别类地进行摸底统计，进而对家庭养老安排、老人养老需求、子女对社区居家养老意愿等加以分析，实现社区养老定位的差别化、科学化与精准化。社区生活环境、社区人力资源、社区社会资本、社区社会组织等是"物业+养老"服务模式良性运行的重要元素，物业服务企业可以借助常驻社区优势，整理分析此类社区养老资源，让社区养老资源成为开展社区居家养老服务的有效资本。

物业服务企业要实现社区居家养老服务嵌入社区生活空间，需要物业服务企业的社区"再嵌入"，以实现物业服务与养老服务的有效衔接。物业服务企业需要树立"以物业带动养老、以养老助推物业"的服务理念，实现物业服务与养老服务的相互促进，把养老需求与问题纳入服务开展中，与社区居民建立服务信任关系。物业服务企业在社区开展养老服务，不仅要遵从市场化供求关系与承接政府购买服务，也应该发展出"市场化服务+邻里型协助+平台式引导"的社区养老服务综合体，向睦邻友好型社区服务关系转型。

二 完善社区居家养老服务体系是保证

养老服务体系是围绕老年人生活需求的服务支持系统，是养老服务需求满足与服务供给充分的制度保障。《中华人民共和国国民经济和社会发展第十四个五年规划和2035年远景目标纲要》提出，推动养老事业和养老产业协同发展，健全基本养老服务体系，大力发展普惠型养老服务，支持家庭承担养老功能，构建居家社区机构相协调、医养康养相结合的养老服务体系。社区居家养老服务体系是我国养老服务体系的社区实践与具体化表达，是指社区组织、医疗机构等承接生活照料、医疗救助、精神慰藉等家庭养老功能，提供家庭衔接、社区适宜、机构支持的多元化养老服务。养老资源有效调动与养老主体通力合作是社区居家养老服务体系有效运转的关键，也关系到社区居家养老服务供给的有效性。"物业+养老"服务模式的有效运转需要以社区养老资源整合与社区养老主体合作为导向，推动外部养老资源的内向流动与内部养老资源的深度挖掘，以完善社区居家养老服务体系。

社区居家养老不仅可以兼顾传统家庭养老与现代社会化养老两种养老模式的优势，也可以整合社区内外各种服务资源，实现社区养老资源优质化。社区养老资源需要在内部挖掘，也需要从社区外部引入。物业服务企业可以加强与社区党组织、居委会、业委会、社区社会组织等社区内部组织机构的沟通合作，通过建立社区养老委员会、家庭养老促进会等组织服务平台，培育内生型社区养老服务支持系统，让其嵌入以物业为主体的社区居家养老服务体系，发挥其"微系统、小服务"的大作用，充分激发社区社会力量和社区养老服务支持资源的活力。以物业为主体的社区居家养老服务体系得到精准的差异化社区养老服务体系的支持，形成多层次、多样化的包容性物业养老服务体系。

物业服务企业也可以借助业务合作、政府引导等机制，引入或培育社会组织，完善社区居家养老服务体系。例如，可以通过承接政府购买服务、运营社区日间照料中心等，得到政府的财政投入；也可以加强与社区卫生服务站、大型医疗机构与养老机构、高职院校等在养老服务、机构运营、人才培养、服务项目等方面的合作，借助社区外机构的力量和资源，增强养老能力，提升服务质量。物业服务企业将政府购买的居家养老服务与社区内部互助养老有机结合，构建为居民服务与居民自我服务的内外流动型社区养老服务生态。

三 构建以居民为中心的社区养老共同体是关键

创新"物业+养老"服务模式需要充分动员社会力量、激发社区社会活力，建立共建共治共享的社区养老共同体。共建共治共享是党的十九大报告阐释加强和创新社会治理时提出的社会治理基本原则之一，建设"人人有责、人人尽责、人人享有"的社会治理共同体是其主要延展性社会建设面向。在坚持共建共治共享的基层社会治理机制下，构建社区养老共同体是基层治理共同体的具体化实践面向，也是推动社区居家养老模式的创新之举。

物业服务与养老服务具有内在的服务张力和明显的定位差异，但又具有以居民为服务对象的内在统一性。服务于居民的核心理念及其内在一致性认知，为物业服务与养老服务的有效衔接提供了价值基础。物业服务企业开展养老服务既是业务的拓展又是构建更加紧密的社区关系的开始。"社区养老共同体中的多元主体协同，强调的是最大限度地发挥各个主体在养老资源供给上的独有优势，以及促进社区养老服务的有效衔接。"（陆杰华、黄钰婷，2022）围绕养老需求与养老服务，构建"居民为中心，技术为支撑、多主体共同参与"的社区养老共同体是"物业+养老"服务模式良性运转的关键举措。为此，物业服务企业需要从以下两个方面发力。

一是精准定位在社区居家养老服务体系中的角色与作用，以居民生活需要与老人养老需求为中心，实现居家、社区与机构三种养老模式一体化与服务链条化。物业服务企业可以通过养老服务技术指导、家庭成员服务能力提升、家庭照护者心理疏导、家庭适老化改造等项目支持家庭养老；借助远程监测、生物雷达、签约服务、家庭医生服务包等养老技术与服务项目，扩大居家养老服务覆盖面，提升服务效果；倡导政府扩大养老需求侧供给，通过发放养老服务券、制定托底式养老套餐、推行清单式服务等方式，形成社区养老氛围，并以社区日间照料中心为依托，提高社区养老服务能力及其服务收益。物业服务企业只有扮演好家庭养老的帮扶者、居家养老的提供者、社区养老的经营者等角色，才能真正达成以居民生活、老年人养老为中心的服务模式。

二是借助生活嵌入、空间邻近与服务信任等社区优势，培育社区社会资本与社区养老服务组织，推动居民邻里互助、广泛参与社区养老志愿服务。以老年友好型社区建设为例，物业服务企业以社区适老化改造为契机，以社区适老化物理环境提升为基础，推进在"居家、社区、机构"养老服务一体化进程中的服务供给，推动更多居民参与养老服务设施运行、使用与维护；通过老年友好社会环境建设，吸引儿童、青年等群体参与社区的养老服务，参与社区养老宣传、氛围打造、养老互助小组建设等工作，推动全龄友好社区建设。

第二章　城市社区老年人整合照顾

人口老龄化是当前与今后很长一段时期我国社会的一个重要特征和挑战，党和国家一直高度重视老龄工作。1999 年我国进入老龄化社会后，不断推动制度和服务的创新，在强化机构建设的同时，大力发展老年社区照顾，探索了包括社区日间照料、日间托养等多种方式的社区养老模式。2021 年，《中共中央 国务院关于加强新时代老龄工作的意见》出台，提出提升社区养老服务能力，探索并推动建立专业机构服务向社区、家庭延伸的模式，依托社区发展以居家为基础的多样化养老服务，为社区开展整合式照顾提供了政策依据。截至 2022 年底，全国有各类养老机构和设施 38.1 万个，其中社区养老机构和设施 34.1 万个，占比为 89.5%，[①] 这些养老机构和设施为基本养老服务体系建设奠定了坚实基础。

第一节　城市社区老年人整合照顾的境外发展

一　国外城市社区老年人整合照顾的发展

社区居家养老服务的理念源起于国内学界对英国社区照顾模式的介

---

① 《老年人基本养老服务已得到初步保障》，https://m.gmw.cn/toutiao/2023-05/22/content_1303381207.htm，最后访问日期：2024 年 7 月 12 日。

绍与探讨。英国国家统计局（Office for National Statistics，ONS）数据显示，截至 2021 年，英国 65 岁及以上的人口几乎占到了总人口的 1/5（为 18.6%）。[①] 英国是欧洲第一个进行养老服务市场化改革的国家，其采取的养老模式主要为社区照顾。社区照顾是在 1945～1970 年英国福利国家建构的过程中逐渐发展起来的一种社会工作模式。社区照顾的概念早在英国 1948 年颁布的《国家社会救助法案》中就已出现。第二次世界大战之后，政界、学界等社会各界人士均发起了"去机构化"的倡议，至 20 世纪 80 年代，由撒切尔夫人领导的保守党派执政，在此期间相继公布的四份政府报告中，均有对社区照顾的探讨。英国社区养老服务最突出的特点就是一切以老年人为中心，开展一系列广泛的服务，包括个人照顾、成人日间照顾、送餐上门、家务服务、购物协助、法律服务、居家健康照顾、信息和治疗安排服务，为家庭照顾者提供支持小组、热线电话（如生命线）以及喘息服务。

日本也是社区养老服务充分发展的国家之一。日本构建社区整体照顾体系的目标在于维护高龄者的尊严以及提供生活支持，在可能的情况下，使老年人能在自己习惯居住的地方生活，且直到人生的最后阶段，都能够得到居住、医疗、照顾、预防、生活支持等服务（文婧，2020）。日本社区整体照顾体系的构成要素包括介护、医疗、预防、生活支持与福利服务五个因素。介护、医疗和预防是专门的服务，要通过生活支持与福利服务的支持才能实现，彼此间相互影响。生活支持与福利服务是针对身心能力低下、经济与家庭关系变化的老年人，为了使其过上有尊严的生活，给予其支持。住所与居住方式是社区整体照顾的前提，依据生活的基础，准备必要的住所，满足老年人的期待，维护老年人的自尊与尊严（文婧，2020）。日本社区照顾的核心是社区整体支持中心，其是照顾的一线单位，设立的目的在于提供综合性的支持，进而

---

① 《原创 2021 年英国人口普查：英格兰和威尔士的人口飙升至新高》，https://www.so-hu.com/a/562291779_120718631，最后访问日期：2024 年 7 月 12 日。

提升医疗保健水平与增进福祉。[①] 日本社区整体照顾体系是以一个中学校区为单位，设置社区整体支持中心，以达到社区整体照顾的目标，支持中心社工师的核心业务为综合咨询。此外，日本偏重预防照顾计划的拟订。日本政府将社区整体照顾体系的构建视为 21 世纪的社区再造，甚至是全世代型社会保障的体现。

美国的 PACE 模式是指老年人全包式照顾计划（Programs of All-inclusive Care for the Elderly），其源起于旧金山中国城安乐居。安乐居的服务对象是需要护理院级别的照顾但能够在社区生活的老年人，安乐居为其提供整合式的医疗性服务、康复性服务及社会支持性服务，包括医疗、复健、营养、交通、临托喘息照顾、日常生活等方面，形成了一种社区照顾模式。该模式成功地将老年人的短期医疗与长期照护服务结合起来，使高龄患病老年人能够长时间地在社区中生活（陈驰，2019）。

值得一提的还有德国的多代屋，德国多代屋设有四种运营类型：教育发展型、文化活动型、公共客厅型和社区服务型。多代屋的优势在于打破家庭界限、加强社会沟通、促进不同代之间的交流，既为老年人提供了满足其养老需求的场所，又能够为社区儿童提供服务，推动构建和谐的社区环境。与德国多代屋相似的社区养老方式还有新加坡的三合一家庭中心，其将托老所和托儿所有机结合在一起，既照顾了学龄前儿童、小学生，又兼顾乐龄人士，增进了人际交往与沟通，防止了"代沟"的出现。

新加坡也在推动社区整合照顾，将老年人整合照顾方案命名为SPICE（Singapore Programme for Integrated Care for the Elderly），是该国的创新模式，其设计理念在很大程度上参考了美国的 PACE 模式，仅针对高风险或符合进入护理之家资格的老年人提供全方位的照顾。SPICE包括两大核心内容：一是尽可能让老年人留在社区，延迟其进入护理之家的时间；二是服务对象为高风险或符合进入护理之家资格的老年人。SPICE 满足了有高度照顾需求且通常伴随多重疾病的衰弱老年人的养老

---

① 《介护保险法》第 115 条 46-1 项。

需求，通过为他们进行全方位的评估来量身定制详尽的个人照顾计划，而且会定期重新评估，让衰弱老年人免于或延迟进入机构接受照顾。

二　我国香港和台湾地区整合照顾的发展

我国香港地区的社区养老模式也较为成熟，以"在地化"理念为核心开展长者社区支援服务，服务的主要类型有三种：一是为长者及护老者提供地区和邻舍层面的社区支持服务的长者服务中心；二是为体弱但在日间缺乏家人照顾的长者在其熟悉的家庭及社区环境内提供的照顾、护理、康复训练等长者社区照顾服务；三是主要表现为上门或到户服务的居家照顾服务。香港地区的社区支援服务使老年人尽量留在社区中安享晚年，旨在建立一套无缝隙的长期照顾护理系统为护老者提供支持。

我国台湾地区受到了英国社区照顾"去机构化"以及我国香港地区安老服务的"在地化"理念的影响，从"长照1.0计划"转向"长照2.0计划"。鼓励资源丰富的地区发展社区整合服务模式，而资源不足的地区则侧重发展在地长期照顾服务模式，以维持世居民族文化与地理特色。在策略上，尝试构建 ABC 模式，其中 A 是指社区整合型服务中心，主要任务是组织社区结盟、服务对象开发、服务整合和输送以及人力资源培植；B 是指复合型服务中心，其任务包括提供直接照顾服务、整合区域志愿服务资源以及提供日间托老等服务；C 是指巷弄长照站，它发挥向前延伸、强化社区初级预防功能的作用，其任务是提供便利性的照顾服务及喘息服务。

第二节　城市社区老年人整合照顾的研究设计

一　理论基础

（一）社区照顾理论

佩恩（Payne，2000）认为，为了实现不同机构的目标以及使组织间维持较好的关系，应对服务的策略与政策进行整合，使之相互支持与强化，整合是系统理论的核心。整合是一种提高质量、使用者满意度和效率的手段。社区照顾是以社区为基础，将各种服务串联成一个体系的照顾模式，其以特定社区为基础（community-based），以服务使用者为中心（user-centered），结合医疗、公共卫生、长期照顾及其他社会服务体系的照顾服务资源，在单一窗口式的管理机制下提供照顾服务。社区照顾理论认为，老年人社区照顾是在社区中设置一定固定场所及设施，为老年人提供身心照顾服务、日常生活照顾服务、临时住宿服务、餐饮及营养服务、辅具服务、心理支持服务、医疗照护服务、交通接送服务、社会参与服务等。

（二）整合照顾理论

"整合照顾"作为应对人口老龄化和慢性疾病挑战的一大策略，是对传统照料方式的一种深度改革，不仅要对以往照料的制度框架做出调整，以寻求各个层次之间的合作，也要变革服务理念，力求从"照看"向"支持"自理转变（杜鹏、王永梅，2017）。世界卫生组织（WHO）的老龄化与生命历程部门（Department of Ageing and Life Course）认为，整合照顾是一种将诊断、治疗、照护、康复与健康促进等相关服务的输入、输送、管理与机构链接在一起的概念，（WHO，2008）。整合照顾是针对财务、管理组织服务传递与临床照护的方法与模型，以具有协调性的方式组合，以创造医疗与长期照护部门之间的连接与合作。

整体而言，整合照顾是由一个以上的组织联合（共同）提供卫生和社会服务，连接初级和次级健康照料，在单一部门内连接不同层次的照料，如精神健康服务，连接预防和治疗服务（杜鹏、王永梅，2017）。整合照顾是通过不同层次、不同部门的资源整合，将老年人需要的基本照料、社区照料和社会照料以老年人为中心统合起来，提供不间断的、高质量的照顾服务。

二 研究方法与样本描述

（一）研究方法

本部分主要采用案例研究和比较研究两种研究方法。案例研究是社会科学研究中广泛使用的一种研究方法，有研究者指出案例研究可以追溯到 20 世纪初期人类学和社会学的研究。案例研究被认为是一种在不脱离现实生活环境的情况下研究当前现象的实证研究方法，其主要包括单一案例研究和多案例研究（Yin，2005）。本部分以案例研究为主要研究方法，从中国东部、中部、西部地区分别选取济南、长沙和成都三个城市，每个城市选取两个老年人社区嵌入式整合照顾中心作为案例进行研究，并通过连续比较法针对所选取的案例进行多种资料来源、多个案的分析（丁丽曼等，2022）。

（二）样本描述

本部分以老年人社区嵌入式整合照顾中心为研究对象，选取济南、长沙、成都三个城市的六个社区作为样本进行分析（见表 2-1）。

表 2-1 研究样本情况

城市	社区	养老机构	概况
济南市	甸柳新村街道第三社区	甸柳新村街道第三社区综合养老服务中心	街道社区一体化养老服务平台
	七贤街道中海国际社区	中海锦年长者公寓	以托养服务为主
长沙市	望城区雷锋路社区	望城区雷锋综合养老服务中心	日间、养护一体化
	望城区白芙塘社区	望城区白芙塘居家养老服务中心	日间、养护一体化
成都市	三道堰镇高店社区	三道堰镇高店社区养老驿站	日间、养护一体化
	郫筒街道奎星楼社区	郫筒街道奎星楼社区清檬养老驿站	日间、养护一体化

第三节　城市社区老年人整合照顾的实践

一　运营模式

随着我国城市社区老年人整合照顾的不断发展，我国的社区照顾逐渐以社区综合养老服务中心为主，其运营模式也不断多样化，其中政府在社区综合养老服务中心的运营模式之中发挥了重要作用。目前我国的社区综合养老服务中心以公建民营的形式为主，这种形式一方面能够有效提高养老资源利用水平；另一方面也为民营养老机构提供了新的发展空间。通过比较发现，整合照顾主要有联合运营和独立运营两种模式。

（一）联合运营

联合运营的模式主要是由政府与养老机构联合开展社区照顾，政府负责规划、投资、监督和绩效评估等，养老机构主要进行投资和运营管理。在这类运作模式下，机构一般与街道办事处进行沟通合作，依托社区建立整合型养老服务设施，政府免费提供场地，由机构开展具体服务。这种模式既覆盖了政府兜底的老年人，也延伸到其他有需要的老年人，实现了合作共赢。例如，济南市甸柳新村街道第三社区综合养老服务中心（以下简称"第三社区综合养老服务中心"）由山东康桥养老服务有限公司运营；长沙市望城区雷锋综合养老服务中心（以下简称"雷锋综合养老服务中心"）由湖南发展集团养老产业有限公司运营；成都市三道堰镇高店社区养老驿站（以下简称"高店社区养老驿站"）由成都天佑养老服务有限公司运营。在这种运营模式下，政府在宏观调控中起到了很好的作用，实现了政企分离，减少了行政管理的费用，可以让有限的政府资源得到更好的利用，也有利于更好地了解和掌握社区老年人的各类需求变化情况，适时地调整和改进服务方案，提高服务满意度。

我们和社区的关系就是我在其辖区之内，我们两个是互利共赢的，我做什么活动社区可以进行参与，我们与社区就是一个合作的关系。(机构负责人 LF1 访谈资料)

他们还是要跟居委会经常联系，然后有啥事儿还要和居委会说。社区要管我们的，社区会随时定期来巡访的。(机构负责人 LM1 访谈资料)

(二) 独立运营

相对于联合运营模式，独立运营模式主要是由养老机构依托自身资源开展社区照顾。在这一模式中，机构通过投资，租赁社区房产，独立进行规划、设计、运营，与政府仅限于资产的租赁关系。例如，成都市郫筒街道奎星楼社区清檬养老驿站（以下简称"奎星楼社区清檬养老驿站"）的运营主体是清檬养老服务有限公司；长沙市望城区白芙塘居家养老服务中心（以下简称"白芙塘居家养老服务中心"）的运营主体是湖南康乃馨养老社区综合运营有限公司，隶属湖南康乃馨养老产业投资置业有限公司。这一运营模式下的养老机构与社区之间的联系并不密切，以白芙塘居家养老服务中心为例，该中心仅租借社区的房产，与社区居委会并没有太大的联系，跟街道办事处、居委会也没有业务往来。独立运营模式往往前期投资较大，需要依托强大的运营主体，独立开展配餐、日常照顾、医疗等服务，可以认为该类中心从本质上是嵌入式的小型养老机构。

就是咱们这个点和社区卫生服务中心差不多没有什么来往，跟居委会也没有多少业务往来。(机构负责人 LF2 访谈资料)

二 服务内容

整合照顾模式强调服务内容的多元化，除了生活服务、健康服务、托养服务、娱乐服务外，还包括灵活的托养服务、多元的康复服务等其他种类的特殊服务，服务供给的方式更具系统性、整合性和叠加性。

（一）生活服务

生活服务主要指"六助"服务，包括助餐、助浴、助医、助洁、助行、助急服务，满足老年人基本的生活需求。如第三社区综合养老服务中心、雷锋综合养老服务中心等都上门为老年人提供老年护理、代办业务、日常巡视、口腔护理、陪同就医、康复按摩、理发、居家移位服务、家政服务、适老化改造等居家养老服务。与传统的居家养老不同，整合照顾模式强调优化服务的供给。以第三社区综合养老服务中心为例，服务中心提供了智慧养老服务，通过建立智慧养老平台，将为老年人提供的日常生活服务结合在一起，老年人可以通过简单的数据化操作来获得自己所需的服务；雷锋综合养老服务中心的特点在于建立了一个一体化的社区养老服务平台，将社区周边的服务商家有机地结合起来，构建了社区养老的资源中心，从而达到了多赢的服务效果。此外，老年食堂为托养老年人和社区居家照顾老年人提供价格低廉的餐食服务，高店社区养老驿站利用公司的中央厨房，为老年人进行集中统一的餐食配送，提供营养自助餐。

（二）健康服务

健康服务是整合照顾的关键所在，传统的社区照顾以康乐活动为主，辅助开展助餐等服务，而整合照顾模式通过优化机构资源、政府资源，形成了相对聚合的服务供给链，优化整合了医院、社区卫生服务中心、体检中心等医疗健康资源，为社区开展整合照顾畅通了路径。如中海锦年长者公寓通过与街道卫生服务中心合作，实现了老年人公共医疗资源对社区开放；第三社区综合养老服务中心依托安康医院、安康养老公寓和康桥智慧养老服务平台，开展短期托养以及医疗康复等健康方面的服务。在整合照顾实践中，医疗康复、精神慰藉、免费体检、用药提醒、专家巡诊、绿色通道、出行协助、辅助进食、情绪安抚等服务进入社区老年人照顾中，提升了社区老年人的健康照顾水平。

（三）托养服务

托养服务是整合照顾的重要内容之一。与机构养老不同，社区整合照顾可以结合社区老年人及其家庭的需要，提供更为灵活多样的托养服务，可以为社区内因身体原因或者子女因白天工作、短时间出差及其他原因临时不在身边，需要日托或短期托养的老年人提供托养服务。一方面，整合照顾的托养服务有全日托、半日托、临时托、短期托、长期托等多种类型，满足多层次的需求；另一方面，通过与养老机构合作，还可畅通老年人托养和入院的渠道，实现社区养老和机构养老的有机结合。

（四）智慧服务

除生活服务、健康服务和托养服务外，整合照顾还强调提供社区智慧化养老服务。以奎星楼社区清檬养老驿站的服务方式为例，清檬养老服务有限公司是"互联网+"养老服务领域的高新技术企业，主要采取的是科技型养老方式，立足现代信息和智能科技，构建了"标准IT化、照护师教育成长体系、智慧照护体系"三大核心体系，通过精准的定制方案为老年人提供更加适合老年人个体的多元养老服务，并且能够使老年人的家属通过互联网便捷地了解老年人的情况，将养老和家庭结合在一起。"清檬养老驿站"嵌入社区，使老年人不离社区、不离家就能享受专业的高品质居家养老服务，通过互联网将养老变得更加便捷和便利。

三 人员配置

（一）专业人员

目前，国家倡导医养结合的养老服务模式，加之回应老年人切实的身体需求，大部分的养老服务中心都会配备医生和护士等医护人员，以便于给老年人提供更加专业的医疗服务。除医护人员外，社会工作者在养老服务行业的重要性也越来越明显，大部分的养老服务中心会配备一名社会工作者，或与社会工作者职能相同的专业工作人员。中海锦年长者公寓工作人员数量较多，目前共有约 40 人；第三社区综合养老服务中心共有工作人员 10 人，其中行政主管 1 人，行政人员 1 人，其余 8 人为助老员和护理员，助老员倾向于做社会工作者的工作，如活动策划、组织小组活动；雷锋综合养老服务中心共有工作人员 7 人，其中包括行政主管 1 人、社会工作者 1 人、前台 1 人、护理员 2 人、厨师 1 人、配菜工 1 人。

> 康复师 1 位，医生有 2 位，护士有 4 位，剩下的是护理人员，还有餐饮这一块。（机构负责人 LF2 访谈资料）

（二）非专业人员

护理员主要负责日常照顾服务和上门服务，为老年人提供基本的生活照料。由于老年人具有照顾需求，护理员是必不可少的人员，护理员的配置以基本满足服务需要为标准。第三社区综合养老服务中心 10 名工作人员中有 4 名是护理员；雷锋综合养老服务中心 7 名工作人员中有 2 名是护理员。从职业资质上看，大部分护理员没有取得专业执业资格，都是由志愿者或者是相对有工作经验的工人来担任。

总体来看，六个养老服务中心的工作人员配置大体是相似的，基本形成了"1+1+X"的人员配置，即 1 名行政主管、1 名社会工作者以及数名护理员。

四　资金来源

（一）政府补贴

目前，我国大部分养老服务中心最主要的资金来源是政府补贴。一方面，在社区综合养老服务中心的筹备阶段，政府提供相应的建设补贴；另一方面，中心运营后会进行定级评估，政府会根据不同的星级给予相应的运营补贴。不同城市的补贴政策有一定的差异。以长沙市为例，《长沙市养老机构补贴资金实施细则》中明确提出，养老机构建设补贴和运营补贴纳入市和区县（市）财政预算。市本级公办养老机构运营补贴由市财政负担。区县（市）养老机构建设补贴和运营补贴，由市、区县（市）两级财政按 4∶6 的比例分担。民办养老机构消防补贴、责任险补贴在福彩公益金中列支，区县（市）自行制定配套政策。

> 建设补贴是一次性补的，一次性补的话，这个地方如果是民政建设那就是民政（补贴），比如说我一个 4A 级的点，我的建设补贴是 20 万（元）。我们这边运营补贴之前的话，因为这个是 5A 级，它存在一个试运营，首先是肯定只有 20 万（元）的，前一两年是 20 万（元），一直到后面这两年的时候才开始就是说进行 5A 级的补贴。我算了一下，光运营补贴应该是有 30 多万（元）。（机构负责人 LF1 访谈资料）

（二）老年人自付

除政府补贴外，社区综合养老服务中心的另一项收入就是通过为老年人提供服务获取的资金。社区综合养老服务中心的收费项目主要包含床位、护理、餐食以及其他上门服务和各类单项项目。以第三社区综合养老服务中心为例，第三社区综合养老服务中心根据房间类型，床位费每个月 2000~3500 元；根据护理等级，护理费每月 900~3300 元；餐食费每月 600 元。同时还提供理疗、艾灸、熏蒸等特色服务，根据服务类型每次收取 8~10 元的费用。

第四节　城市社区老年人整合照顾的经验、问题及模式探索

一　城市社区老年人整合照顾的经验

整合照顾是实现老年人社区照顾的有效方式，英国、美国、日本等

国家的实践经验和研究表明，参与社区整合照顾的老年人自评健康状况通常更好；接受了更好的预防性护理，如 PACE 会安排参与者进行听力和视力筛查，流感疫苗和肺炎疫苗的注射等；需求得到了更好的满足，如出行和着装方面；因日常生活而产生的疼痛会减少；发生抑郁的概率变低；健康护理的管理也变得更容易（陈驰，2019）。我国的整合照顾处于起步阶段，在实践过程中呈现与国外不同的发展特点。

（一）政府支持是整合照顾的首要条件

整合照顾在我国起步晚、发展慢，存在政策、资源等多方面的整合难题，发展的过程困难重重，在目前的实践探索中，政府支持是实现整合照顾的首要条件。必须明确政府的牵头作用，建立"社区-居家养老"联席会议制度或社区整合照顾联席会议制度，形成行政合力。同时，积极协调卫健、人社、住建等涉老服务部门，积极推动社区养老服务设施、社区卫生医疗资源、社会保险在社区的整合使用，为运营主体构建良好的生态，真正构建以社区为主的整合照顾服务供给体系。

> 我觉得政府的扶持力度直接关系到这个企业的存亡，我不说其他的，连我们这样的国企都已经很难走下去，何况是一些社会组织，因为社会组织它是个人承建的，有好大的压力。（机构负责人 LF1 访谈资料）

（二）公私合营是整合照顾的必然机制

目前，社区综合养老服务中心以公建民营为主，政府为养老机构提供建设补贴和运营补贴，对养老机构进行建设以及规划，由养老机构进行具体的运营。政府根据不同养老机构的等级以及其他外部条件，为社区综合养老服务中心提供不同数量的运营补贴、建设补贴以及惠民资金等，养老机构在获得政府补贴的同时，通过对老年人的服务性收费增加营收，形成社区综合养老服务中心的主要运营费用。公建民营养老服务模式由政府购买服务，对社会力量积极参与养老服务建设具有较强的吸引力，既可以保持公办养老机构的福利服务性质，又可以动员社会力量，提高养老服务质量和水平，使公办养老机构去行政化，提高资源配置和管理效率。同时，这一模式可以有效解决养老事业的前期投入大、回报周期长等问题，降低运营风险。

（三）全包式社区照顾服务是整合照顾的主要特点

整合照顾的核心在于构建老年人全龄化的照顾服务体系，依托社区形成日间照料、短期托养、居家服务、康复护理等多种服务并存的全包式社区照顾服务体系。本书选取的六个社区综合养老服务中心大部分能够实现日间照料、短期托养、居家服务和康复护理并存。

> 综合养老服务中心，我觉得最大的特点就是能实现对老年人的全方位服务，这就是综合的一个重要性。然后每个中心的特点又不一样，像我们这里最重要的就是医，真正的医进户，下一步我们提出康复进家庭。（机构负责人 KZ1 访谈资料）

以第三社区综合养老服务中心为例，在服务中心内部设置了 33 张床铺用于托养服务，服务中心的一层以及其他活动室都可以用于日间照料，老年人可以在固定的场所开展各式活动；雷锋综合养老服务中心，不仅设置了用于托养的床铺，还留有 10 张床铺用于老年人在日常活动期间临时休息，为老年人提供了更加舒适的休息场所，实现了日间照料和托养服务并存。其他社区综合养老服务中心也都留有床铺用于托养，虽然数量不一，但都可以实现托养的功能，并且各个社区综合养老服务中心都留有日间照料的空间和场所，为老年人提供日常活动场地。

（四）产业化运营是构建整合照顾产业链的保障

依托产业化运营，构建整合照顾产业链是实现整合照顾的具体路径。通过对六个社区综合养老服务中心走访发现，每一个服务中心背后均有一个大型的养老公司作为支撑。例如中海锦年康养、湖南发展集团养老产业有限公司、清檬养老服务有限公司等。社区综合养老服务中心依托大型养老公司的经济实力、成熟管理体系以及社会资源等，将医院、配送团队以及其他社会资源加以整合，通过大型养老公司的规模化运营形成整合照顾产业链，为社区的老年人提供集中配餐、医疗支持等照护服务，保证自身能够顺利持久运营（见表2-2）。

表2-2　社区综合养老服务中心与养老公司一览

社区综合养老服务中心	养老公司
甸柳新村街道第三社区综合养老服务中心	山东康桥养老服务有限公司（拥有医院、养老公寓）
中海锦年长者公寓	中海地产旗下康养品牌——中海锦年康养（隶属国务院国有资产监督管理委员会）
望城区雷锋综合养老服务中心	湖南发展集团旗下品牌——湖南发展集团养老产业有限公司（隶属国务院国有资产监督管理委员会）
望城区白芙塘居家养老服务中心	湖南发展集团旗下品牌——湖南康乃馨养老社区综合运营有限公司（隶属国务院国有资产监督管理委员会）
三道堰镇高店社区养老驿站	成都天佑养老服务有限公司（拥有医院、养老公寓）
郫筒街道奎星楼社区清檬养老驿站	清檬养老服务有限公司（互联网+养老企业）

（五）多元化是整合照顾的服务趋势

老年人服务不再局限于老年人日常的生活以及简单的医疗护理，而是形成了日常照料、护理照料、医疗服务、志愿服务等多元化的服务面向。在日常照顾中也开始逐渐关注老年人的心理健康及日常的活动需求等，服务内容和服务形式也实现了多元化发展（见表2-3）。第三社区综合养老服务中心、中海锦年长者公寓、白芙塘居家养老服务中心、高店社区养老驿站在整合照顾中主打医养结合。特别是第三社区综合养老服务中心，依托安康医院、安康养老公寓和康桥智慧养老服务平台，形成了"家庭-社区-机构"养老融合发展、医养相互促进的格局；雷锋综合养老服务中心则是通过建立一个一体化社区养老服务平台，将社区周边服务商家进行整合，构建社区养老资源中心；奎星楼社区清檬养老驿站立足现代信息和智能科技，采取科技型的养老方式。

其实我们也在做我们的平台，我们有商铺，各种的商铺，有理发的，有疏通清洁的，有护理的，有家政的，还有药店的，然后有这种小卖部，医疗器械，等等，你能想到的我们都有。（机构负责人 LF1 访谈资料）

表 2-3　整合照顾服务一览

社区综合养老服务中心	服务
甸柳新村街道第三社区综合养老服务中心	提供集"六助"服务、休闲娱乐、短期托养、入托康复等医、养、康、护于一体的综合养老服务
中海锦年长者公寓	医疗服务、健康管理、康复服务、营养膳食、认知症照护、中医理疗、心灵关怀以及 24 小时专业照护，锦年学院和老年大学的课程
望城区雷锋综合养老服务中心	居家上门服务、幸福老年食堂、特色主题活动、智慧养老平台、托养照料服务
望城区白芙塘居家养老服务中心	生活照料、医疗保健、紧急救助、文化娱乐、代办服务、精神慰藉、信息服务和法律援助
三道堰镇高店社区养老驿站	上门服务、老年餐桌、康复保健和托养等
郫筒街道奎星楼社区清檬养老驿站	综合评估、方案定制、精准服务、数据服务、基础护理、康复服务、生活照料、支援服务、家庭适老化改造、家庭智能化改造等

二　城市社区老年人整合照顾存在的问题

城市社区老年人整合照顾强调以社区为基础的老年人照顾资源的整合，其目的在于为老年人提供无缝隙的、便捷的优质服务，其关键点在于社区内外资源的合作、协调和整合，形成服务的合力。通过对三个城市六个社区的案例研究发现，城市社区老年人整合照顾仍存在一些问题。

（一）对社区老年人缺少系统性评估

目前社区综合养老服务中心主要针对三类老年人提供健康检查服务：日常来服务中心活动的老年人、自身有健康检查需求的老年人，以及即将入住的老年人（为其提供健康检查以此判断老年人是否拥有入住资格）。由于经费以及影响力、人员和资源整合等多方面限制，一般不会针对整个社区的老年人进行健康体检。整体而言，社区综合养老服务中心未实现对社区老年人进行建档立卡，缺少系统性、全面性的评估。

　　有评估，一个是进行体能的评估，然后是身体的评估。因为它是这种短期托养的评估，就不会像机构那么全面，基本上进行一些简单的评估，没有什么暴力倾向，然后没有什么传染疾病，就是最基本的一些。（机构负责人 LF1 访谈资料）

以第三社区综合养老服务中心为例，据服务中心工作人员介绍，第三社区共有老年人 6000 余人，且流动性非常大，很多老年人很有可能居住一段时间就会离开，所以如果老年人不主动去服务中心接受服务，服务中心就很难知晓社区内所有老年人的状况，即使入户，也可能有疏漏。另外，服务中心的工作人员数量并不是很多，也没有办法为全部的老年人提供系统性的评估。再以雷锋综合养老服务中心为例，服务中心内部只有 7 名员工，很难派出多余的人力为社区内全部老年人提供服务，所以只能为短期托养或入住的老年人提供简单的健康检查，以此来确保入住的老年人没有疾病，满足入住条件。

（二）内部资源的整合利用不足

社区是整合照顾的基本单位，整合照顾的一个关键是社区的内部组织，如社区居委会。通过调研发现，社区居委会参与整合照顾明显不足。社区居委会了解社区内部所有老年人的基本状况，若服务中心与居委会合作，就可了解社区老年人的状况并形成整合式数据库；但若二者合作不足，则会导致养老机构初入社区时，不容易得到老年人信任，也不能了解老年人的基本情况，服务开展受阻，只能耗费人力、物力进行二次入户调查或开展其他服务以获得老年人的基本状况和老年人的支持。如中海锦年的养老公寓与社区居委会的关联明显不足，其面对的不仅是社区内的老年人更是全市的老年人，所以形成一个相对完整的信息数据库难度很大，内部资源的整合利用相对较为困难。

（三）整合照顾的提供者以公司为主

调研表明，目前整合照顾的提供者以公司为主。老年人服务需要大量的人员、资金以及专业系统的服务供给方式，而大型公司拥有较多的社会资源和支持。以助餐为例，因服务面向的是社区老年人，普遍情况下餐食的价格会偏低，可能会面临较大的费用支出，普通小型公司或社区无法提供相应的服务，只有大型公司或企业可以出台一套系统化的方案，如以中央厨房的方式进行配餐来满足社区老年人的需求。社区虽是整合照顾的重要一环，但事实上社区人员主要负责的是行政上的工作，而为老年人提供专业的照顾服务主要还是由公司内部专业人员进行。

（四）服务和外部资源的碎片化严重

服务碎片化和资源碎片化是目前整合照顾中社区综合养老服务中心所面临的最大问题。大部分养老机构倡导医养结合，但"医"的部分主要是由机构内部的医疗护理人员负责或定期邀请医疗人员坐诊，与外部的医疗、护理机构合作较少。另外，从老年人日常生活中所需的服务来看，例如剪发、家政、缴纳水电费等，都需要链接社会资源才能提供。目前，很多老年人所需要的社会资源都是相对碎片化的，大部分服务中心没能将这些社会资源整合，所以在为老年人提供服务时，资源的碎片化是社区整合式养老所面临的重要问题之一。雷锋综合养老服务中心尝试建立一体化社区养老服务平台，将社区周边服务商家进行整合，构建社区养老资源中心。一体化社区养老服务平台能够很好地解决资源碎片化的问题，不仅能够更好地为老年人提供服务，还能使服务中心提供服务时更加便利。

（五）内外资源的整合力度不足

整合照顾涉及内部资源以及外部资源的整合，内部资源包括日间照料中心、社区居委会、社区卫生服务中心等，外部资源包括政府各相关部门以及社会其他公共资源。内部和外部资源的整合难度大，不仅需要各相关部门的支持，还需要大量的资金。社区综合养老服务中心作为社区整合式养老的真正落实者，大多无法将这些资源组成一个系统，内外资源的整合力度不足，就很难实现资源配置的优化和服务供给的精准。

（六）整合照顾服务的费用来源不足

营收是影响社区综合养老服务中心生存和发展的核心因素，目前很大一部分社区整合式养老服务中心无法继续运营的一个重要原因就是资金问题。前期资金大量投入，到中后期资金无法回笼，导致投入公司入不敷出，无法继续提供服务。整合照顾服务的费用来源不足是目前服务中心所面临的一个重难点，资金的来源主要是政府补贴和老年人自付，即政府提供的建设补贴、运营补贴以及为老年人服务所收取的费用，没有大型公司的支撑，大多数情况下服务中心很难持续运营。在医疗方面所提供的服务也需要大量的资金，虽与很多养老医疗机构和医院有合作，但经济方面还是存在瓶颈。另外，养老服务与社会保险、医疗保险、长期护理险的结合不足，也导致整合照顾难以形成合力。

三　城市社区老年人整合照顾模式探索

城市社区老年人整合照顾模式是以社区为基本照料单位，将国家、机构等照料资源集中调配，以提供不间断、高质量的社会服务。这种整合模式将初级照料、社区照料和社会照料，以被照料者为中心统合起来，通过资源的联动，充分调动各方参与照料的积极性，避免了资源的浪费（杜鹏、王永梅，2017）。整合照顾强调以老年人为中心，整合老年人的社会照顾和健康照护资源，提升老年人自我照顾和保健能力以及家庭照顾能力，促进老年人的健康活化并预防失能，减少长期照顾及医疗的需要。

城市社区老年人整合照顾的核心是围绕老年人不同发展阶段和健康状态，形成完整性、一体化和连续性的照顾。完整性主要是遵循全人的理念，为老年人提供包括基本生活照料、护理、社会照顾和医疗服务等在内的整全性的服务，使老年人得到多元而全面的照顾；一体化则是在完整性的基础上，强调不同服务主体在老年人社区照顾服务提供中的整合，形成老年人社区照顾的合力；连续性则是根据老年人健康、亚健康、半失能、失能等不同状态，以社区为联结点，构建包括自我照顾、家庭照顾、社区照顾和机构照顾在内的连续性照顾服务体系，形成紧密的老年人照顾网络。

围绕完整性、一体化和连续性这三个关键点，从老年人需求出发，依托对调研资料的分析，本书以社区为基础，从系统评估、整合照顾、连续照顾三个方面，构建了城市社区老年人整合照顾管理模式（见图2-1）。

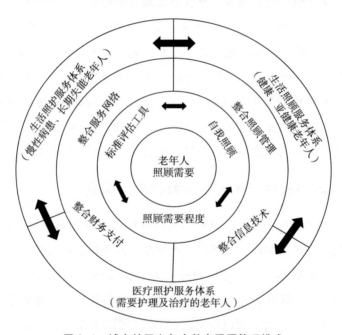

图2-1 城市社区老年人整合照顾管理模式

资料来源：参考王懿范等（2016）的整合照顾架构与机制图。

城市社区老年人整合照顾的核心功能是借助跨服务体系的标准评估工具，了解老年人的健康状况及多元化的照顾需求，并根据需要的程度提供完整性及持续性的照顾，借此确保服务的品质和安全性。整合架构与机制可同时考虑四个方面的整合，包括整合服务网络、整合照顾管理、整合财务支付以及整合信息技术（王懿范等，2016）。整合服务网络包括医疗照护服务体系、生活照顾服务体系及生活照护服务体系三个方面服务网络的交流互动，产生建设性的合作关系以提升服务的成效及品质，除重视现有制度的长照医疗，也积极地推动失能预防及健康促进服务；整合照顾管理强调公平、合力和跨服务体系的标准评估工具及自立支援；整合财务支付不仅能将现有的医疗、长期照顾、公共卫生及社会福利资源进行个人式照顾资源盘点，也能在日后转型时奠定以价值或以人计酬的支付制度的基础，进而建立全人全责的照顾财务体系；整合信息技术，是运用医疗通信技术，结合远距离科技，提供支持、监控以及改善整合性的健康照护，进而进行个案评估、照顾及风险管理、协调转介服务、品质控制、运营分析，甚至信息公开分享（詹弘延，2020）。

第一，进行全面系统评估。整合照顾的第一步是依托社区综合养老服务中心，围绕社区全体老年人的照顾需求，采用标准评估工具，对社区全体老年人进行评估，形成社区老年人健康档案，为实现整合照顾奠定基础。社区综合养老服务中心可以依据老年人的健康状况、家庭支持状况和照顾需求程度对社区老年人进行分级，形成"健康—衰弱—失能/失智—临终"等照顾级别，并依据此级别开展社区老年人健康管理。

第二，构建整合照顾体系。在进行全面系统评估的基础上，从整合服务网络、整合照顾管理、整合信息技术和整合财务支付四个方面构建整合照顾体系。

服务网络的整合主要是全面盘点社区内外老年人服务资源，依托社区综合养老服务中心构建社区服务网络，如雷锋综合养老服务中心以社区综合养老服务中心为平台，将社区商业服务资源、社区社会组织资源、医疗资源、专业社会工作资源等进行整合，构建了社区为老服务的闭环网络。

照顾管理的整合是整合照顾的关键所在，最早始于20世纪70年代的美国健康与社会服务，照顾管理是一种案主参与服务的选择、计划和输送的社会工作和社会服务方法，同时也是一种经过需求评估和确认可用服务后，再为服务对象设计并组织包裹式照顾的技术。评估、确认和设计等过程，可以更有效率地促进资源的使用、需求导向的服务，以及给予使用者较大的选择权（黄源协等，2019）。照顾管理的整合强调照顾管理师的重要性，希望通过照顾管理师连接与统整不同的部门、机构或专业，使其彼此协力合作，达成老年人社区照顾服务的统合。

信息技术的整合主要是为了解决为老服务信息的多元、碎片和分化的问题，希望通过建立社区智慧养老服务平台，将政府、企业、社会组织等的服务信息统合起来，以网络治理的方式构建社区智慧养老的信息网络。如第三社区综合养老服务中心老年人可以通过一键拨打可视电话连接智慧养老服务平台，通过智慧养老服务平台获得各种养老资源，形成便捷、及时、可追踪的服务体系。

财务支付的整合是整合照顾的痛点和难点，不管是社区日间照料中心还是社区综合养老服务中心，目前运营方的营收都主要包括两个部分：第一个部分是政府的补贴，主要是建设补贴和运营补贴；第二个部分则是向服务对象收取的费用，包括床位费、餐费、护理费等，其支付方是老年人及其家庭。同时，长期护理险等社会保险纳入支付系统是整合照顾形成合力的关键。从调研来看，大部分社区综合养老服务中心面临前期投入多、盈利周期长、资金回笼慢的问题。因此，有效的财务支付整合是社区综合养老服务中心持续运营的重要保障。

第三，开展连续性照顾。在整合照顾模式中，根据老年人的健康发展状况提供连续性的照顾服务是服务效果的重要保障。整合照顾主要是依托整合的服务网络、照顾管理、信息技术和财务支付，实现健康促进、慢性病管理、日间照料、短期托养、长期照顾和临终关怀等多种服务的持续有效。整合照顾基于老年人的健康状况，根据健康/亚健康、衰弱、失能/失智、重/末期/临终四个阶段，将服务划分为健康促进、预防保护、早期诊断、慢性病管理、康复治疗、缓和医疗和临终关怀七种服务类型（见表2-4）。

表 2-4　整合照顾各阶段的连续性服务

易感受期		临床前期	临床期	残障期	临终期	
初段（健康/亚健康）		次段（衰弱）	三段（失能/失智）		四段（重/末期/临终）	
第一级	第二级	第三级	第四级	第五级	第六级	第七级
健康促进 1. 卫生教育 2. 饮食管理 3. 健身活动	预防保护 1. 实施预防措施 2. 培养个人卫生（防护）习惯	早期诊断 1. 高血压、糖尿病、失智早期诊断 2. 预防医学检查、癌症筛查、健康检查项目、血压、血糖、简式健康量表（BS-RS）、老年人日常生活活动能力评估（ADL）、简易心智状态问卷调查（SPM-SQ）、健康行为评估、营养评估	慢性病管理 糖尿病、早期慢性肾病、失智、气喘追踪管理	康复治疗 1. 心理、生理康复治疗训练 2. 管路移除训练	缓和医疗 1. 避免无效医疗 2. 提供生命末期安宁缓和照护	临终关怀 哀伤辅导
缓和失能促进					安宁缓和照护	
健康活力站 乐龄健康活力中心	社区日间照料中心	慢性病管理 预防注射 癌症筛查 出院准备	失智照顾中心 失智服务站点 日间照料中心 物理治疗 居家护理 失智团体服务 社区交通接送	居家医疗 居家复能 喘息服务 居家助浴 居家送餐 护理之家 养护中心	呼吸病房 居家安宁 安宁病房	安宁团体 灵性关顾
各阶段连续						

资料来源：本框架参考了詹弘延（2020）的照顾框架。

四　城市社区老年人整合照顾水平提升的建议

（一）加强政策整合，形成整合照顾的合力

整合的碎片化是影响整合照顾效果的重要因素，因此，在公共政策

方面进行整合是提升整合照顾的前提。公共政策整合是国家行政机关基于特定的目标，通过对政策主体、客体、目标、运行过程以及内容的整合，实现政策系统整体优化的过程。公共政策是政府治理社会的重要工具，但政策碎片化、政策低效、政策冲突和政策资源浪费导致现有的公共政策在执行过程中往往会出现扭曲与失真，不仅降低了公共政策质量，还会削弱政府治理的有效性（陈晓菡，2021）。

在老年人社区照顾政策整合方面，第一，梳理不同的政策主体，积极发挥全国老龄工作委员会的议事协调作用，对政策主体进行统筹协调，实现涉老政策主体的有机统一；第二，积极促进老年人社区照顾政策的目标整合，其核心目标应当是全龄性、连续性和系统性的，避免单一目标的重复；第三，注重政策内容的整合，政策内容的整合是实现整合照顾的关键，在政策整合上应确定具体的政策规范内容；第四，提升政策参与度，积极促进老年人社区照顾政策的多主体参与，加强政策运用的过程性整合，促进不同公共主体间的政策合作、政策协调、政策合并和政策参与，以实现政策目标。

（二）以社区综合养老服务中心为平台，构建整合照顾服务供给体系

整合照顾面临的问题大多体现为资源的条块化和服务的碎片化，而社区是资源和服务传递的"最后一公里"。因此，以社区综合养老服务中心为平台，构建整合照顾服务供给体系是促进整合照顾的有效措施。我国的城市社区规模为 2000~3000 户，6000~9000 人，按照我国老年人 18.4% 的比例，一般城市社区的老年人口为 1100~1700 人，形成了一定的照顾需求，这为社区综合养老服务中心的资源和服务整合提供了基础性条件。

社区综合养老服务中心可以与社区党群服务中心、社区卫生服务中心、社区网格管理中心、社区日间照料中心、养老服务信息平台等进行资源共享，形成资源合力，促进不同公共部门的资源和服务下沉社区时实现有效整合，由社区综合养老服务中心围绕社区老年人的健康和照顾需求进行资源分流，实现资源优化配置和服务精准供给。

（三）发挥社会工作专业的作用，形成社区老年人照顾管理信息库

照顾管理是统整不同部门、机构或专业，使其彼此合作达成老年人社区照顾服务统合。可基于智慧养老系统，构建社区老年人照顾管理信息库，形成社区老年人整合照顾的服务闭环。

在照顾管理中，应重视社会工作的重要作用，在充分发挥社会工作者作为社区老年活动的组织者、策划者作用的同时，进一步强调社会工作者在社区老年人整合照顾中的"管理者"身份，明确其对老年人整合照顾的职责。

（四）加强宣传倡导，提升居民对整合照顾的知晓度

整合照顾的提供方大多是公司，服务场所以社区综合养老服务中心为主，与社区居委会的协作不紧密、与居民的联系不频繁，社区居民对社区综合养老服务中心的知晓度和认可度不高。一方面影响了社区居民的服务获取，另一方面导致社区综合养老服务中心缺少公信力和获客渠道。

社区综合养老服务中心应积极与社区居委会、社区社会组织等展开合作，通过共同开展活动等多元化的方式，加强宣传倡导，提升居民对整合照顾的知晓度，增强服务的公信力，拓宽获客渠道，使整合照顾真正走近老年人，成为易获取的公共服务。

（五）打造社区集约化平台，提升社区养老机构的收入水平

长期以来制约社区综合养老服务中心发展的核心因素是收入，根据调研资料，各类社区综合养老服务中心的收入主要包括财政性收入和对老年人的服务性收入，收入较为单一，运营压力比较大。

在整合照顾的视角下，应立足社区，充分发挥社区资源的作用，通过盘点社区内外资源，打造社区集约化平台，提升社区养老机构的收入水平。同时，围绕老年人的健康和照顾需要，将社区综合养老服务中心医养服务、居家服务等与社区商业系统进行结合，对接社区综合养老信息平台，形成综合性、一站式、便捷式的社区集约化平台。

（六）促进社区养老资源整合，增加对老年人及照顾者的服务供给

充分整合养老资源，尤其注重整合社区人力资源，发挥社区邻居、志愿者和居民作用，整合社区居委会、辖区单位及自组织资源，积极促进老年人互助网络建设，形成社区养老资源合力，为社区老年人提供整合性的照顾服务。同时，为老年人家庭照顾者及社区养老服务人员提供一定的福利服务，提高整合照顾服务的质量，增强整合照顾的持续性。

农村篇

第三章 农村养老服务模式：实践 创新与经验反思

全面推进乡村振兴，实现农业农村现代化，是一项系统性、整体性和长期性的发展战略。目前，乡村振兴仍然处于起步阶段，有很多体制机制问题需要解决，也面临着很多实施困境。其中，乡村老龄化就是一个非常关键的问题。《2020 年度国家老龄事业发展公报》指出，中国乡村的老龄化水平明显高于城镇。截至 2020 年 11 月 1 日零时，乡村 60 周岁及以上、65 周岁及以上老年人口占乡村总人口的比重分别为 23.81%、17.72%，比城镇 60 周岁及以上、65 周岁及以上老年人口占城镇总人口的比重分别高出 7.99 个百分点、6.61 个百分点。[①] 相较于城市而言，农村老龄化率高，老龄化程度深，失能、丧偶、流动老年人等特殊老年群体的需求较为突出，急需更多的社会关注和政策扶持。所以，需要在全面推进乡村振兴进程中，充分考虑农村老龄化问题，把适老、敬老、养老等具体要求融入"防止返贫动态监测和帮扶、乡村建设、乡村治理、乡村社会事业发展"等各项工作中，提高乡村振兴的实施效能。

第一节 农村养老内涵再思考

关于农村养老，基于不同视角的研究会有不同的结论。从行动主体

---

① 《国家卫生健康委发布〈2020 年度国家老龄事业发展公报〉》，https://www.cn-health-care.com/article/20211015/content-561338.html，最后访问日期：2024 年 7 月 16 日。

来看，政策制定者及执行者会聚焦于"巩固脱贫成果，谋划乡村振兴，促进共同富裕，实现民族复兴"的视角来看待农村养老；从研究者来看，农村养老则是研究和人文关怀的对象；从老年人自身来看，农村养老是一个自然老化的过程和需要子女、社会反哺的过程；从老年人子女来看，一方面期望父母身心健康，另一方面也希望农村社会化养老机制不断优化，使自己工作时无后顾之忧；从养老企业来看，农村养老是按照契约提供社区照顾和实现自身盈利增值的一种服务方式；从各类社会组织来看，农村养老则是按契约提供社区服务和打造行业品牌的一种社会行动。

从学科角度来看，社会保障学视域中的农村养老，是以农村老年人为主体的，由国家和社会出面，依托社会救助、社会保险和社会福利等制度设计，为农村老人提供服务的各类民生事业；经济学视域中的农村养老，是通过对国民收入进行再分配（三次分配），对农村老年群体的补偿机制；社会学视域中的农村养老，是以农村为场域，力求调整代际关系、家庭关系、邻里关系等社会关系，促进社会公平，缓解社会矛盾的社会实践；法学视域中的农村养老，是保障每个老年人公民权利的实现机制；人口学视域中的农村养老，是老年人自身价值完善机制；政治学视域中的农村养老，目的是更好地实现老年人的生存权与发展权。

从实践角度来看，农村养老可以分为两个部分。一是农村养老服务，主要指通过无偿或适度有偿的方式为有需要的老人及其家人提供人性化、科学化的帮助。二是农村养老管理，主要包括行政管理（政府自上而下的科层化管理）、组织管理（养老类组织机构的科学化、系统化管理）、人才管理（养老管理者和服务者的培育、激励与监督）、资金管理（涉老类资金的专款专用和适度增值）等。

针对以上分析，我们认为农村养老是以农村为基础，以老年人为服务对象，由国家和社会提供服务的，集"环境营造、医疗照护、精神娱乐、社区参与"于一体的综合性、系统性民生工程。

第二节 乡村振兴与农村养老的逻辑关联

脱贫攻坚目标任务完成后，脱贫地区、脱贫人口的发展依然面临诸多问题。其中，以老年群体为代表的脱贫人口发展质量不高，发展脆弱性较强，应对外部各类风险的能力不足，成为摆在乡村振兴面前的重要难题。同时，乡村产业发展、乡村建设和乡村治理中的"适老化"实践特色不足，益贫范围有限，城乡公共服务发展的不均衡不充分问题依然存在，制约了农村养老事业的整体发展。农村青壮年劳动力外流、人口预期寿命延长以及生育率下降使得乡村人口老龄化形势越发严峻，制约了乡村振兴的发展。所以，科学认识乡村振兴与农村人口老龄化的关系，对于推进乡村振兴战略实施、实现农业农村现代化，具有重要意义。

一 老龄化问题制约着乡村振兴的发展

农村老龄化问题制约着乡村振兴的发展，主要体现在很多乡村"集体经济较弱、经济保障难，青壮年人口大量流失、健康护理难，留守现象严重、精神关爱难"，导致乡村振兴中的人力资本缺失，内生动力不足。同时，脱贫人口中的老年人口基数大，需要持续监测；边缘户中老年家庭占比高，需要重点帮扶；失能、半失能、家庭受损等特殊老人养老需求凸显，需要多元服务。另外，在"留守与流动"并存的农村人口结构中，流动老年人的社会保障和社区参与问题也开始显现。其中，既有城乡二元结构的历史原因，又有经济发展较慢、农村老年人居住分散等现实原因，导致农村养老服务的专业化、社会化难度大，城市养老服务经验难以复制到农村，城乡融合发展受到挑战。

二 乡村振兴为改善农村养老服务奠定了政策基础

2017年，《中共中央 国务院关于加强和完善城乡社区治理的意见》从城乡统筹的角度，提出要提高社区服务供给能力，完善共建、共治、共享的治理格局，为老年人等群体参与社区治理提供各种平台。2020 年，民政部办公厅发布的《培育发展社区社会组织专项行动方案（2021—2023 年）》提出，加大农村社区社会组织培育力度，为留守老人、儿童等特殊群众提供关爱服务。2021 年，《中共中央 国务院关于全面推进乡村振兴加快农业农村现代化的意见》中提出，要落实城乡居民基本养老保险待遇确定和正常调整机制，健全县乡村衔接的三级养老服务网络，推动村级幸福院、日间照料中心等养老服务设施建设，发展农村普惠型养老服务和互助型养老。总之，随着新农村建设、乡村振兴等国家行动的开展，农村优美的养老环境、适合老年人参与的农业产业、传统的熟人关系都成为开展农村养老服务的显在和潜在的资源。

三　老年人在乡村振兴中具有独特的价值和优势

目前，乡村发展呈现出从"农业女性化"到"产业老龄化"的态势，众多有劳动能力的老年人在乡村振兴中做出了重大的贡献，农村老年人在乡村振兴中的参与面广和参与程度深。在乡村治理层面，老年人广泛参与到村"两委"、红白理事会、扶贫理事会、乡贤组织等各类自治组织建设之中，提升了治理效能；在乡村产业层面，以"扶贫车间""大姐工坊"等为代表的劳动密集型产业中，老年人也占了很大比重，促进了产业振兴；在乡村文化层面，老年群体是乡村特色、优秀文化的主要传承人和创新者，促进了文化振兴；在乡村环境层面，老年群体积极参与到基础设施建设及垃圾分类、"厕所革命"等民生事业中，有效推动了生态振兴。总之，农村老年人作为乡村人口流失后的"主力军"，不只是被关爱的对象，更是推进乡村振兴的主体力量。

四　实现"农村养老与乡村振兴"互动发展，是扎实推进共同富裕的重要指向

实现共同富裕是社会主义的本质要求，也是中国全面建设社会主义

现代化国家的基本方略，而"乡村"和"老人"则是这一方略中最重要的区域因素和人口要素，是其中的两个发展短板。所以，以创新发展乡村"适老化"事业为基础，将养老事业融入乡村振兴的各项规划和具体工作中，健全乡村老年群体的各项社会保障制度，理顺乡村社区治理机制，建立城乡融合发展平台，盘活乡村各类养老资源，发挥老年人自身价值，打造党建引领下的"景美、人和、村兴"的社区主导型乡村振兴发展模式，将为扎实推进共同富裕提供一条可供选择的道路。

第三节　乡村振兴视域下农村养老的实践创新

加强农村老人关爱服务工作，是全面推进乡村振兴和共同富裕的重要内容。已有关于农村养老服务的研究存在碎片化、单一化的问题。一方面，本书通过收集历史文献、研究成果、政策文件及调查资料，并对这些资料进行整理分析，准确把握农村互助养老体系的发展轨迹、基本特征及发展趋势；另一方面，在山东选取了四个村庄作为研究地点，通过参与观察、深度访谈、案例研究等了解农村养老的内容、方式、成绩、困难，总结其经验、问题和发展走向。

一　农村集体经济欠发达地区敬老互助合作社养老实践

菏泽单县刘土城村辖刘土城、三黄庄、黄土城、王庄四个自然村，村域总面积 638 亩，总人口 620 户 1832 人，党员 58 名。2020 年 8 月 8 日，作为菏泽市首批以农村内置金融为核心的合作社之一，单县龙王庙镇刘土城村新时代文明实践敬老互助合作社开业运营。敬老互助合作社的核心理念是"资金互助促发展，利息收入敬老人"，旨在为村民提供生产、供销、信用"三位一体"综合服务，把村民组织起来、资源资产资金集约经营起来、产权实现和交易起来，实现资源变资产、资金变股金、村民变股东，重构合作文化、孝善文化、乡贤文化，激发农村养老服务的内生动力。

刘土城村新时代文明实践敬老互助合作社由村党组织领办，遵循政府引导、农民主体、社会参与、民主管理、利益共享、风险共担的原则，入社自愿、退社自由。合作社设理事会、监事会、互助金审批小组、资产评估小组。合作社社员分为长者社员、乡贤社员、集体社员、社会社员、消费社员、普通社员、投资社员、土地入股社员、房屋入股社员等。据笔者调查，长者社员为60周岁以上的自愿交纳2000~3000元资格股金入社的本村村民，每年可享受优先分红；乡贤社员是指自愿交纳1万~10万元资金，两年不领取任何收益的本村村民。截至2021年7月，刘土城村新时代文明实践敬老互助合作社共有乡贤社员17名，自愿交纳资金23万元；长者社员14名，每人自愿交纳资金3000元，共计4.2万元。

刘土城村新时代文明实践敬老互助合作社有借款利息收入、农资集中采购收益、资产经营收益三种收益，每年腊月二十进行决算分红。其中，40%的收益用于长者社员的优先分红；25%的收益用于其他社员的分红及合作社发展；20%的收益为公积公益金，用于本村公益事业及壮大集体经济，比如对考上大学的学生发放助学金，对受灾和重大疾病等社员进行救助等；其余为风险金和管理费。这种方式增加了农村入社老年人的养老资金来源，实现了农户和村集体双赢、共富，也为后续农村集体福利的增加奠定了基础。

二 农村集体经济发达地区农村幸福院互助养老实践

泽库镇后岛村位于山东省威海市文登区南端，三面环海，与日本、韩国隔海相望，距市区25公里，距机场40公里，距文登火车站25公里，自然资源丰富，气候宜人。近年来依托地理优势，大力推进标准化、规模化健康养殖，现代渔业持续健康发展。调研了解到，2020年，后岛村水产品养殖收入达到5亿元，到2021年5月中旬可培育稚参4

万斤，鲜参达 40 万斤，销售额达 2000 多万元。村集体经济发达，通过土地流转、成立水产养殖合作社等，年均集体经济收入 1000 多万元。

后岛村现有户籍人口 2000 余人，常住人口 1000 多人，其中 60 岁以上人口 700 多人，村庄老龄化形势严峻。2020 年，后岛村投资 100 万元建成农村幸福院，其中村集体经济投入 94 万元，政府补贴 6 万元。农村幸福院设幸福餐桌与日间照料中心，采取村办民营方式，委托正源堂居家养老照料中心运营。幸福餐桌每天供应 2 餐，对 70 周岁以上老人就餐进行补贴，2020 年村集体经济补贴 40 余万元，日均就餐人数达到 60 人，村里老人每天都能吃上 2 顿热饭。农村幸福院另设床位 10 余张，供老人日间休息使用。

依托雄厚的村集体经济，后岛村老年人养老质量显著提升。一方面，村集体经济分红增加了老年人养老资金来源；另一方面，农村幸福院为村居老年人提供了就餐、娱乐、休闲等多种养老服务，老年人幸福感获得明显提升。

三　以巩固拓展脱贫攻坚成果为基础的扶贫养老实践

沈庄村位于菏泽市定陶区南王店镇西北部，临商路东侧，辖沈庄、马庄、张庄、刘庄、宗庄、侯庄、十里铺 7 个自然村，耕地 2768 亩，人口 570 户 1968 人，建档立卡贫困户 60 户 142 人，2020 年底已全部脱贫。为进一步巩固拓展脱贫攻坚成果，提升老年人生活质量，村"两委"在深入调研的基础上，结合群众需求和村内实际，利用扶贫公益岗政策，创新"日间照料+邻里互助"扶贫助老模式，提供扶贫助老及医养结合的综合服务，深受群众欢迎。

南王店镇为典型的农业乡镇，早春西瓜是该镇特色产业，为地理标志登记农产品。沈庄村位于南王店西瓜产业园内，种植西瓜面积大，瓜农多，瓜菜管理占用时间较长，中青年长时间在棚内劳动，无暇照顾老人。在西瓜管理、销售的关键时期，甚至连老年人吃饭都不能保证，有些老年人一个馒头一碗水就是一顿饭。如何让老年人吃上有营养的热饭，过上更有质量的生活，是村"两委"为群众办实事的一项难题。经多次开会研究，村"两委"决定采取一种全新的扶贫助老模式：以村日间照料中心为平台，设置"日间照料""邻里互助"两个扶贫公益性岗位，为老年人和特殊贫困群体提供集中就餐、日常照料、就医护理、助残帮扶、代办事项、情感疏导等服务，提升特殊群体生活质量，增强他们的幸福感和获得感。

（一）日间照料，让老年人"老有所养、老有所乐"

根据村内实际情况和村"两委"的意见，沈庄村为村内75周岁以上（贫困户老人年龄放宽到70周岁以上）老年人集中提供一日三餐和休闲娱乐服务。将日间照料中心升级为"扶贫助老服务中心"，建有餐厅、厨房、娱乐室、阅览室、男女休息室等，并购置了餐具、厨具、棋牌、床铺、健身器材，安装了空调、电暖器等，为老年人提供了基本生活和娱乐健身设施，服务中心现集中照顾老年人36名，其中贫困老年人24名（全村90周岁以上的老人无法来服务中心，每月补助生活费50元，每年年终集中发放）。服务中心专门配备1名"日间照料"扶贫公益岗职工，明确了岗位职责，签订了用工协议，每月工资1550元，主要为集中就餐人员提供日间照料服务，重点提供就餐服务，并做好村"两委"安排的其他工作。扶贫助老服务中心选择2名集中就餐的老党员、老干部作为负责人，负责中心的日常管理，统一管理生活资金，按照需求购买食品，每月公布一次账目，并组织老年人轮流值班，打扫餐厅卫生、互相监督改正不良生活习惯。自我管理方式增强了老年人的责任感和融入感，使老年人的生活更加和谐，助老服务中心运营更加健康。

扶贫助老服务中心主要靠三种方式筹集资金：一是自己交一点，每名老年人每月缴纳100元伙食费；二是集体筹一点，扶贫项目收益和村集体经济收入补贴一部分，2018年至2021年4月，扶贫项目收益共补贴1.2万元，村集体经济收入共补贴3.6万元；三是社会捐一点，截至2021年5月，接受社会捐赠20多万元，村党支部书记马从国捐赠3万元，2019年有两家公司分别捐赠3万元和20万元。

（二）邻里互助，实现扶贫助老全覆盖

扶贫助老服务中心让有行动能力的老年人过上了三餐无忧、幸福祥和的新生活，但村内行动不便、无人照料的其他特殊群体更需要照顾。为了强化鳏寡孤独、失能半失能特殊群体的兜底保障，实现扶贫助老全覆盖，村"两委"又向区扶贫办、区人社局申请了1个"邻里互助"扶贫公益岗，主要为生活不能自理人员提供生活照顾、安全防范、事项代办、买药送药、沟通交流等上门服务。为实现服务的具体化、标准化，服务中心明确了"邻里互助"扶贫公益岗"7+1"服务标准，即每三天打扫一次家庭卫生，每周晒一次被子，每周洗一次头，每月洗一次床单、被罩，每两周剪一次指甲，每月理一次发，每半年拆洗一次被褥，根据需要不定期换洗衣服，解决特殊群体日常照料难题。

为增强服务功能，扶贫助老服务中心进行了升级改造，致力于打造功能齐全的村级小型医养综合体。2019年，投资36万元，建设2层共424平方米的综合服务楼，一楼已建成标准厨房，配套大型厨房炊具，可容纳50~100人就餐的标准餐厅内安装两台柜式空调；二楼娱乐室、卫生室，配齐基本医疗设施及医疗护理人员，加强从业人员培训，购置更加适宜老人强身健体的健身器材和棋牌等娱乐活动设备，提升综合服务能力。"离家不离村，空巢变暖巢"，随着扶贫助老服务中心设施逐渐完善，运营机制逐渐成熟，规模不断扩大，帮助更多家庭，服务更多老人，老人们的生活体验越来越美好。

四　以幸福食堂建设为基础的农村整合式养老实践

济南市钢城区现有214个行政村，总人口约23万人，其中60周岁及以上老年人口6.9万人，经济困难老人2000余人，失能半失能老人1000余人，低保对象3400余人，特困供养人员690余人，残疾人4000余人。针对这些困难群体"吃饭无人做、家务无人帮、生病无人管"的实际困难，钢城区在各村创新兴办幸福食堂，通过"全区覆盖、全科

照料、标准管理、财政兜底"的方式，对各类困难群众实施生活照料和综合救助，实现"吃饭有人送、家务有人帮、生病有人管"，走出了一条"可持续、可承担、可复制"的困难群体救助帮扶新路子，为新形势下践行以人民为中心的发展思想提供了鲜活的基层实践。钢城区贯彻"党委领导、政府主导、社会参与、全民行动"的老龄工作方针，融合党组织、政府、社区自治组织、居民和社会力量等多元参与主体，搭建合作平台，发挥各主体的养老优势，构建"政府、社会、市场、家庭、个人"共建共享的养老服务格局，全面增强老年人及其家庭的获得感、幸福感和安全感。

（一）依托农村幸福院，整合闲置房屋，解决幸福食堂设施问题

离百姓更近一点：把幸福食堂建在村里。农村老年人助餐有两种模式：一是在村庄设置助餐点，即幸福食堂；二是以乡镇为中心，设立中央厨房，实施统一配餐。综合对比两种模式，济南市钢城区结合本区农村实际，选择将幸福食堂建在村里，就餐人数较多的村单独设立幸福食堂，就餐人数较少的村联合周边村共同兴办。

农村幸福院+闲置房屋：在已有设施基础上兴办幸福食堂。钢城区充分考虑自身实际，坚持不重复建设、不浪费资源的原则，对已建立农村幸福院的村，将幸福食堂建在农村幸福院里，与幸福院合二为一。需新建幸福食堂的村庄，要求全部按照农村幸福院标准建设，利用闲置的村小学校舍、厂房仓库、村庄闲置房屋等开办幸福食堂。

建设补贴+统一设施配置：实现幸福食堂设施标准化。对新建幸福食堂实施一次性建设补助，经评估符合农村幸福院建设标准的，按照基本型、标准型和综合型分别给予8万元、11万元、15万元的一次性建设补助。对经改造闲置房产配置的农村幸福院，按照基本型、标准型和综合型分别给予3万元、4万元、5万元的一次性改造补助。对幸福食堂室内设施进行合理的适老化改造。统一设施配置：区财政拨付启动资金，统一配备冰箱、消毒柜、洗衣机、电视机、健身娱乐设施、工作服等。

（二）政府主导，多元筹资：确保幸福食堂运营资金可靠稳定

钢城区牢牢把握幸福食堂的公益性质，幸福食堂日常运营所需资金由区级配套、街镇级（功能区）补助、村级自筹、就餐人员适当负担，分别承担40%、10%、20%、30%的运行费用。经精准测算，幸福食堂就餐人员一天两餐的总成本约为21.3元，区级配套资金约为8.5元，区级配套资金由区财政列入财政预算，根据上报的就餐人数，按月拨付。此外，经评估且达到相应标准的幸福食堂，按照基本型、标准型、综合型，每年分别发放4万元、5万元、6万元的运营补助，为幸福食堂持续规范运行提供坚实保障。

（三）公益岗+志愿服务：建设规范化服务队伍

各村根据照料人数选配工作人员，区民政局按照送餐1∶5、集中就餐1∶7核定工作人员数量，工作报酬按照每人每月平均1100元核定，工作人员优先从贫困户家庭中选定。各街镇、功能区负责制定工作人员考核管理实施细则，由各村与服务人员签订用工协议，将做饭、送餐、家务照料、巡访等事项纳入协议内容，根据考核档次，确定工资报酬和是否继续聘用。此外，由村委会工作人员、返乡大学生等提供志愿服务。

（四）以基本照料人群为主，兼顾普惠，逐步扩大幸福食堂就餐人员范围

幸福食堂坚持尽力而为、量力而行，重点保障基本照料人群，包括无人照料的独居老年人、残疾人、分散供养特困人员、无人照料的孤儿、困境儿童、事实无人抚养儿童、70周岁以上空巢贫困户、低保户、优抚对象。除以上人员外，鼓励各村积极扩大普惠照料范围，并按差异化补助政策予以扶持。

（五）以助餐服务为突破，优化服务内容。

钢城区整合民政、卫健、残联、社保等部门的职能和资源，融合生活困难救助、农村养老、居家照料、医疗服务、保险救助等服务功能，以助餐服务为突破口，实施"六个一"的服务项目，即"一天送饭两次、一周打扫一次卫生、一月清洗一次大件衣物、一季度一次健康体检、每逢节日组织一次志愿活动、每人一份银龄安康救助保险"，推进困难群众"全科照料"。

（六）健全管理制度，推动幸福食堂运营制度化标准化。

钢城区不断健全幸福食堂管理制度，先后颁布《钢城区幸福食堂管理办法》、《钢城区农村幸福院管理工作规范》、《钢城区幸福食堂食品安全操作规范》、《钢城区幸福食堂就餐人员补贴标准》和《关于进一步加强幸福食堂财务管理的通知》等文件，完善幸福食堂人员管理、财务管理、安全管理、卫生管理、设施使用管理体系，并加强监督检查，确保制度落实和规范运行。各村设立幸福食堂专用账户，账户收支每月公布一次，自觉接受群众和有关部门监督检查。钢城区以满足困难群众就餐需求为抓手，以幸福食堂为平台，以送餐入户为开始，开展扩展版的整合式社区居家养老服务，从而撬动社区治理，巩固社会团结，推动乡村振兴。

总之，农村养老本质上是政府、企业、社会组织、社区、子女和老人等多元行动主体合作的互动性行动，农村养老服务体系是一个包含经济支持、生活照料、精神慰藉、健康保障和社区参与等内容的结构性整体。从农村老人的数量、特殊性与国家乡村振兴政策的多维视角出发，建立以农村集体经济为基础的、城乡融合发展的基本养老服务制度，对农村老人生活质量的提高、家庭关系的和谐、农村的稳定以及乡村振兴战略的实施具有举足轻重的意义。同时，基层养老服务实践证明，只有做实并优化硬件服务设施，充分挖掘当地的养老资源，链接人力资本和社会资本，才能更好地塑造温暖有序的农村养老环境。

第四节　乡村振兴视域下农村养老的实践困境与反思

调研发现，各地在推进乡村振兴的过程中，积极贯彻执行相关政策，取得了一定成效，但也存在几个共性问题。比如，城乡养老服务质量差距较大；家庭养老、机构养老和社区养老等模式之间彼此独立甚至互相排斥，呈现明显的"断裂"特征；某些地区农村老年人社会保障制度设计得不完善，关爱内容和关爱方法呈现"不规范与不科学、零散化与机械化"并存的问题，无法有效应对日益严峻的农村养老危机。需要从多维角度入手，提升农村养老服务质量，有效促进乡村振兴战略的实施。

一 乡村振兴视域下农村养老的实践困境

当前，政府行政力量介入和干预农村养老已成为农村养老服务的主要发展趋势，但志愿服务力量挖掘不足；影响农村养老服务的"文化结构和经济结构"两个变量的相关论述不足；学术研究与政策设计之间呈现出很大的张力，各种互助养老模式从学理中被抽离出来，上升为理想类型，却在实践中遇到持续性的挑战；农村养老在研究上，被刻意从整个农村发展环境中割裂出来。实际上，农村养老是一个集"复杂性、综合性、系统性"于一体的民生工程，它与乡村变迁、代际关系和农村建设紧密相关，却往往在研究中被忽略，只进行单一性的描述研究，缺少整合性的分析。

（一）政策设计层面：倡导性为主，针对性不强

当前，基层的乡村振兴政策体系主要是以包括老年人在内的所有乡村人口为对象的普遍性政策安排，对农村适老化事业的重视程度不够，支持策略针对性不强。这类政策多是以"家庭""户"为具体单位，以倡导性为主，较少体现年龄意识，老龄政策还只能算是各类乡村发展政策的"附属品"，政策设计不够精细，并未明确界定"乡村振兴与老龄化的关系、老年群体在乡村振兴中的角色、老年群体帮扶项目的实施策略"，使得政策设计停留在呼吁层面，执行起来难度较大。

（二）实施主体层面：单兵作战，配合度不高

当前，农村适老化事业仅被理解为狭义的养老，也就是为老年群体

提供基本的生存和医疗资源，缺少系统思维和宏观视野。在政策设计与执行层面，主要表现为不同政府部门之间、政府与社会力量之间的配合度不高，部门之间缺乏统一协作。尤其是"民政部门、乡村振兴局、卫健委中的老龄办、人社部门、医疗保障部门"五大部门的政策衔接还有待优化，各类政策之间还存在重复性和单一性的情况，缺少统筹协调。政策落到基层之后，基层服务人员消化难度大，"多章可依"有些时候变成了"无章可循"。同时，政府与企业、社会组织的配合也有些松散，以养老为促动平台的大振兴格局未能形成。

（三）具体执行层面：养老需求与服务供给不匹配

当前，在农村养老事业的相关政策执行中，主要有两个核心议题：一是老人因自身身体老化、疾病、家庭照顾不足等产生的需求层面的问题；二是政府、社会及家庭对老年人相关需求的满足内容、方式和环境营造等供给层面的问题。这两大问题会延伸出新的问题，需求和供给不匹配也会产生问题。以此为分析基础，在调研过程中，笔者主要发现了如下八个执行难题。一是家庭结构核心化、老龄化、空巢化，老年抚养比攀升，城乡流动加剧带来的以"养儿防老"为代表的家庭养老创新难。二是资金缺乏、人力匮乏和运营不善带来的以"农村幸福院"为代表的社区养老运营难。三是乡村空心化和照料成本高带来的以熟人社会为基础的"互助养老"持续难。四是城乡医疗环境、娱乐设施、社会保障等养老资源差距大带来的"城乡融合养老"实施难。五是医疗资源短缺、卫生院与敬老院角色混淆、失能老人医疗需求大带来的乡村"医养结合"事业推动难。六是乡村外部养老人才供给不足、内部人才组织动员力度不够带来的乡村养老人才组织难。七是政府、市场和社会在乡村养老中的角色定位、激励机制和互动方式不清带来的社会资本进驻乡村养老难。八是在资金、技术和管理三重制约下，乡村"智慧养老"平台建设难。这八个难题本质上是养老需求与服务供给不匹配，制约了养老服务与乡村振兴的协同发展。

二　乡村振兴视域下农村养老的实践反思

在总结上述地方性经验与发展困境的基础上，笔者认为可以从以下几个方面优化既有的政策方案，积极发展农村适老化事业，全面推进乡村振兴。

（一）政策设计层面：规划先行，分类施策

在农村养老的政策设计之中，可以将农村适老化事业发展纳入各级政府的经济社会发展规划，融入乡村振兴局每年的工作计划，设计普惠性与特殊性结合的农村养老政策，设计针对不同类型老年人，尤其是失能、失智、孤寡、家庭受损等特殊老年群体的支持政策和服务方案，设计农村适老化事业发展的具体操作指标，建设农村老年群体综合评估数据库，开展农村老年群体的能力、需求和服务满意度评估，既要满足老年群体的物质需求，也要关注老年人的精神需求。在政策设计中，要突出挖掘社区内部资源，针对不同社区实际情况，提供有针对性的政策支持，比如养老产业的税收优惠、与养老相关土地利用指标的分配、养老人才的激励机制和养老服务技术的培训政策。在发展村集体经济的基础之上，整合政府、企业、集体、社会组织和家庭多元养老服务资金，比如养老服务专项资金、企业捐赠资金、集体经济收入、社会组织投入、孝善基金等，发展养老互助合作社，拓宽互助养老资金来源渠道。

（二）实施主体层面：厘清角色，协同推动

在实施主体层面，需要加强乡村振兴局与其他相关部门的协调，厘清各自的角色定位。建立联席会议制度，做好"民政部门、乡村振兴局、卫健委中的老龄办、人社部门、医疗保障部门"五大部门的政策衔接工作，在政策出台和执行过程中，做到互通有无，规避重复性政策，提高适老化政策在基层落实的针对性和执行效率。同时，要培养专业的农村养老服务人才。动员养老服务类、医疗护理类和社会工作类专业实习生，从城市高端养老机构转向乡镇敬老院、医疗机构。发挥本土人力资源优势，尤其是农村妇女、有参与意愿的低龄老年人、返乡农民工

等，形成志愿服务力量，参与农村养老服务提供。

整合各类志愿者，根据时间、精力形成"接力式"志愿服务。整合政府、企业、集体、社会组织和家庭等力量，将养老服务专项资金、企业捐赠资金、集体经济收入、社会组织投入、孝善基金集合起来，提高资金利用率。完善农村养老组织体系，发挥农村社会工作专业人才的作用，整合政府、企业、学校等各方力量，共同参与农村养老服务。鼓励各地设立老年协会、老年志愿服务队等群众性互助养老服务组织，指导各地推广"时间银行"等互助养老新模式，为老人提供便捷可及的养老服务。

（三）具体执行层面：需求为本，多维介入

在具体执行层面，乡村振兴局可以围绕"防止返贫动态监测和帮扶、乡村建设、乡村治理、乡村社会事业发展"四项主要工作，以老年人需求为本，做好农村适老化工作。同时，依托各类社会工作机构和乡村振兴志愿服务组织，做好农村老人的需求评估，从物质和精神两个层面，设计更具针对性的娱乐活动，引导老人积极参与社区建设，实现老有所为、老有所乐。

具体而言，一是做好乡村老年群体的防止返贫动态监测和帮扶工作，对特殊老年群体和处于政策"空窗期"的边缘老人提供精准化养老服务；二是在乡村各类基础设施、产业和环境建设项目之中，照顾老年群体，引导老年群体积极参与乡村建设；三是在乡村治理过程中，发挥老年群体，尤其是老干部、老党员的组织动员优势，建设内生型社区治理平台与农村议事会网络虚拟平台；四是积极协调人社、医保、民政、妇联等部门，做好老年群体的医疗、教育和家庭关系维系工作，特别是要关注特殊老年人的问题。对农村养老服务过程中发现的单身老人的精神娱乐问题、老人的临终关怀问题、有劳动能力的老人的身体健康和工作权益保护问题等特殊问题，进行细致分析和提前干预，加强对此类问题的理论研究与探讨，全面提升农村养老服务能力和质量。

第四章 农村幸福院互助养老：圈层
分析与可持续路径

自 2008 年河北省开启"互助幸福院养老"以来，幸福院互助养老作为破解农村养老难题的重要方式，走过自发实践到制度推动的发展过程。2021 年以来，国家相继颁布的《中华人民共和国国民经济和社会发展第十四个五年规划和 2035 年远景目标纲要》、《中共中央 国务院关于全面推进乡村振兴加快农业农村现代化的意见》和《中共中央 国务院关于加强新时代老龄工作的意见》等政策文件，均对"积极发展农村幸福院等互助型养老"提出明确要求。经过十几年的实践探索，农村幸福院互助养老已从模式推广、全面铺开转向可持续、高质量发展阶段。实现以农村幸福院互助养老为代表的互助养老可持续发展，对于进一步落实积极应对人口老龄化国家战略与推动农村养老服务高质量供给具有重要意义。

第一节 农村幸福院互助养老可持续发展困境

积极推进农村幸福院互助养老可持续发展是增强农村养老服务供给能力、推动农村养老服务高质量供给的重要方式，也是当下农村互助养老服务的研究热点。学界对农村幸福院互助养老可持续发展问题的研究主要从困境解读与对策分析两个维度切入。除了互助养老可持续发展的认知、组织和规则等共同困境，农村幸福院互助养老模式面临定位不清（吴香雪、杨宜勇，2016）、经费不足（王伟进，2015）、管理不规范（杨立春，2019）、过度依赖政府资源输入（李俏、刘亚琪，2018）、形同虚设（韩振秋，2020）等特有困境。为推进农村幸福院互助养老可持续发展，学者们认为需要从推动农村幸福院互助养老向社区综合性养老转变（齐鹏，2022）、加强乡土公共性建构（罗晓晖，2021）、丰富政府主导型互助养老的服务内容和方式（何晖，2021）、加强多元主体合作（丁煜、朱火云，2022）、吸引社会组织进驻农村幸福院（纪春艳，2018）等方面加以优化。

已有对农村幸福院互助养老可持续发展问题的分析为后续研究提供了基础，也存在两个明显不足需要弥补。一是针对可持续发展的内涵式拓展研究不足。现有研究把可持续发展定位于农村幸福院互助养老的未来目标、提升路径与评价标准等参照性地位，而农村幸福院互助养老可持续发展的关键因素、内在结构、运行逻辑等内在议题仍需深化拓展。二是缺少对可持续互助养老的多元结构分析。现有研究主要围绕"互助"的概念、动力与路径等问题展开，多元化被当作互助养老可持续发展助推力而非内在属性，缺少对互助养老多元化特征的内在结构分析。执拗于幸福院的"互助"属性而缺乏对系统、多元等其他内在特征的观照，可能会遮蔽农村幸福院互助养老可持续发展的创新思考。

本章基于对农村互助养老服务多层级供给体系的现实考察[①]，结合农村幸福院互助养老的原始发展定位与国家推动初衷，聚焦多元互助属性与可持续发展目标，从农村幸福院互助养老可持续发展的资金、运营、服务三个关键要素及其内在结构出发，总结提炼一个蕴含"资金有出、管理有效、服务有人"的服务圈层分析框架，以期为农村幸福院互助养老可持续发展提供创新路径。

---

① 本章调研资料来自笔者参与的"SD省农村养老服务调研"项目（2021年10月~2022年5月）对多个地市农村养老服务的调研，主要包括各地市民政部门汇报材料、区县与街道相关人员集体座谈记录、村庄基层干部及村民访谈等。

第二节 农村幸福院互助养老服务圈层分析

从农村幸福院互助养老发源地河北省前屯村确定的"村级主办、互助服务、群众参与、政府支持"组织定位以及民政部推广的"政府扶得起、村集体办得起、老人住得起"运营模式来看，农村幸福院互助养老本身就蕴含多元开放系统与多层级衔接体系。

一 互助服务圈层的社会基础

推动多元服务主体合作与多层级服务系统衔接是农村幸福院互助养老可持续发展的内在要求，亦构成农村幸福院互助养老服务圈层的运行基础。

一方面，农村幸福院互助养老是多元主体合作、资源共享的"互助"开放系统。互助即互相帮助，是与竞争相对应的生物或社会行为。《说文解字》对"互"与"助"做了如下解读："筶，可以收绳也。从竹象形，中象人手所推握也。互、筶或省"，"助，左也。从力且声"。从"互"与"助"的词源分析，其均指不同主体之间合作或促成某件事的手段，而不仅仅是主体之间的互惠行为与关系建构。我国互助文化源远流长，互助思想由来已久。历史上出现的唐朝农社、宋代义庄、清朝太监庙等互助养老组织雏形，既体现了中国乡土社会互帮互助的文化传统，也呈现了政府主导互助养老模式的特有范式。

虽然现代农村互助养老起始于村庄内部低龄老年人对高龄老年人的帮扶照护，是"老年人自主选择、自我建立、自我管理、自我服务"（高颖等，2021），但是随着互助理念深化与服务供给多元化，养老服务供给主体扩展至低龄老年人、政府机构、社会组织、精英人士、村集体、年轻人等。农村幸福院互助养老绝不仅是老人之间互帮互惠与村庄内在养老资源充分利用，也是"以地缘为平台，农村老人、家庭、政府、志愿者、社会组织机构等多主体共同参与，通过互帮互助来整合养老服务资源"（米恩广，2020）的现代养老服务体系构建过程。农村幸福院互助养老系统，既需要充分动员村民参与、挖掘村庄内在资源，也要适当引入村庄外部力量与养老资源。构建个人、家庭、社会、政府共同参与的互助养老服务格局，重构"养老、孝老、敬老"的老年友好社区环境，是农村幸福院互助养老的重要任务和发展机制。

另一方面，由多元主体、多种资源、多重阶段构成的多层次服务圈层是农村幸福院互助养老的内在嵌入结构。"圈层"原本是地理学概念，意指由相同物质组成的各种人类赖以生存的环境，如大气圈、水圈、岩石圈等。"圈层"在社会科学领域被用以标识人群的社会属性与社会分化，"圈"意味着向心性，"层"体现了层次分异的客观特征。农村幸福院互助养老系统蕴含复杂的多层次服务圈层，服务圈层结构化是其内在特征与运行逻辑。例如，政府、村"两委"、家庭、村民等多层级的服务主体，国家财政、社会捐助、村庄收入、个人缴费等多层次的服务资源，村庄内与外、上与下、你与我等多维度的服务定位。

农村幸福院建设和组织运营混合了民间互惠、服务交换、政府托底、村集体负责等多重服务供给机制。张世青（2022）认为"从性质上看，农村幸福院是一种政府主导、村民自愿参与的官办互助养老"。农村幸福院互助养老服务要实现"政府扶得起、村集体办得起、老人住得起"的可持续发展目标与高质量供给模式，需要老人、家庭、村集体、政府、社会组织等主体的融通合作，也需要资源投入、管理运营、自我服务等社区内外的服务圈层有序衔接。

二　互助服务圈层的结构要素

社会组织能够持续开展业务活动，科学的组织管理是关键，资金、管理与服务是组织管理的核心要素，农村幸福院互助养老可持续发展也不例外。2021年，中国老龄协会发布的《中国农村互助养老研究报告》明确指出，目前我国农村互助养老可持续发展的关键要素是资金、运营和服务。本章亦从资金、运营与服务三个组织管理的核心要素出发，构建"服务资源、互助服务、管理运行"服务圈层体系，以此来分析农村幸福院互助养老可持续发展问题（见图4-1）。

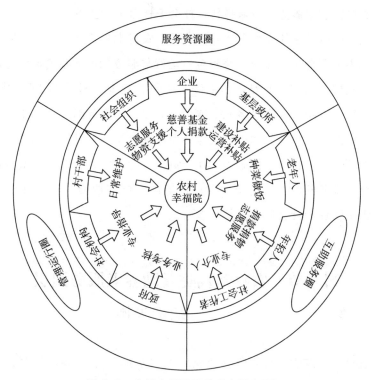

图4-1　农村幸福院互助养老服务圈层

从单个服务圈层分析，农村幸福院互助养老组织的资金、运营与服务三个服务圈层的运行目标、行动主体、服务内容等结构要素有重合也有差别。服务资源圈是指基层政府、企业、社会组织等多元主体对农村幸福院的资金支持、物资帮助、服务提供等，如基层政府的建设补贴与运营补贴，企业的慈善基金与个人捐款，社会组织的志愿服务与物资支援。管理运行圈是指业务主管部门、社会机构、村"两委"、普通村民、经济能人等多元主体参与农村幸福院的业务考核、专业指导、日常管理、设施维护、资金筹集、人员聘用等管理运营工作，如政府业务考核、社会机构专业指导、村干部日常维护。互助服务圈是指在养老服务供给落地过程中，村庄内外的老人、年轻人、村干部、社工、学者等服务主体及其服务参与。如老年人之间互相帮助、自娱自乐，村干部、老年人把自家种的菜拿到农村幸福院做饭，村里的年轻人、儿童自觉捐款捐物、提供志愿服务，专家指导，社会工作服务介入等。

从不同服务主体作用发挥空间来看，农村幸福院互助养老"服务圈层"是养老服务多元主体围绕资金、运营与服务的不同角色定位与作用发挥。农村幸福院互助养老的主体系统包含政府、村"两委"、家庭、村民、社会组织、专家等多元主体，它们在不同服务圈层内的作用空间与角色定位呈现差异。例如，政府会提供资金支持与进行指标考核，但很少涉及组织运营与具体服务；社会组织、专家学者等外来力量多在业务指导、服务开展方面给予帮助；村集体、村"两委"可能在资金筹集、组织管理和社会服务上都会涉猎。

第三节　农村幸福院互助养老服务圈层结构失衡

农村幸福院建设与运营管理脱离了"互助"与"多元"两大基本运行逻辑及其初始动力，打破了"服务圈层"应有的结构均衡体系与良性运行逻辑。农村幸福院的资金、运营与服务的圈层内主体关系结构失衡与圈层间衔接逻辑单一化已成常态，这是农村幸福院互助养老可持续发展困境的内在根源。

一　圈层内主体关系结构失衡

农村幸福院互助养老的多元行动主体在参与意愿、服务能力、资源体量、自我认同等方面均有所差异，导致不同行动主体在服务圈层中的话语权、影响力与参与度等不均衡。农村幸福院互助养老不同服务圈层内主体关系结构失衡已成常态。

　　农村幸福院互助养老服务资源圈在党委领导下，需要充分发挥政府、市场、社会等的作用，充分调动政府、企业与社会力量参与养老，形成资源整合、责任共担、各方参与的资源输入模式。① 全国各省市地方政府针对农村幸福院建设与运营亦提倡和鼓励企事业单位、社会团体和个人资助、捐赠。山东省民政厅发布的《关于规范农村幸福院建设和运行管理的指导意见》（2016 年）中规定："农村幸福院建设资金以村集体投入为主，政府支持为辅。提倡和鼓励企事业单位、社会团体和个人资助农村幸福院建设"，"农村幸福院运行坚持统一管理与老人互助相结合，个人自费、政府补贴和社会公益资助相结合，以自我保障为主"。农村幸福院互助养老的可持续发展需要有稳定的资金来源和完善的筹资机制。然而，农村幸福院建设靠政府出资、运营管理靠政府补贴已成常态，社会资源投入少见且杯水车薪。"2019 年幸福院开始（建设）的时候，政府给了 8 万元的建设补助，说是每年按照评级不同给 3万~5 万元的运营补贴。2020 年疫情后运营补贴就没了。村集体收入不多，有点钱就让老人来这里吃一顿，没钱了就不吃了。不靠政府补助几乎运行不下去。"（山东济南 X 村支书访谈资料）事实上，农村幸福院能否运行顺畅，主要取决于政府财政支付能力与村集体经济发展基础、村干部的工作力度。农村幸福院缺少企业、个人与家庭等社会力量的支持与资源投入，已成为制约资源可持续输入与服务资源圈良性运行的关键困境。

　　农村幸福院互助养老服务组织管理需要在基层党委、政府指导下，围绕制度设计、队伍建设、服务落地等方面，形成"村庄-家庭-个人"参与共同体。按照基层政府对农村幸福院的活动开展次数、服务人数、制度章程、服务对象认定、服务内容等考核标准与要求，农村幸福院需要由村集体组织与村干部负责日常管理事务、招聘工作人员等；村集体与村民家庭需要在物质支持、老年人缴费、志愿服务等方面配合农村幸

---

① 民政部对农村幸福院"政府扶得起、村集体办得起、老人住得起"的建设运营管理定位，是对互助养老服务资源圈层的最好注脚。

福院的运行需要；包括老人在内的村民可以应聘农村幸福院职工、参与志愿服务、参加农村幸福院活动等。然而，相关制度设计的以"基层政府指导—村集体落实"与"村干部负责—村民参与"为轴心的运行管理模式，在农村幸福院的实际运营中难以真正落实。在村落社区运行管理空间中，家庭与个人的主体责任与服务义务被有意或无意地忽视了。农村幸福院的运作管理成为村干部的政治任务与上级政府考核村集体工作的重要内容。"现在幸福院主要靠村集体与村干部个人支撑着。老年人只关心能不能吃饭，幸福院什么时候开放，啥时候开饭。饭钱怎么筹集……大家都不大在意，也很少有人真正参与进来。"（烟台市莱山区某街道民政科长访谈资料）农村幸福院的运行管理主要靠自上而下的行政力量来推动，村干部成为运行管理的主要甚至是唯一责任主体。缺少村庄老人、家庭成员、年轻人等行动主体的真正参与，农村幸福院运营管理只会举步维艰。

　　农村幸福院互助养老服务最终需要落地在村庄与院落之内，需要养老服务设施与服务体系的完善，需要多元主体的服务供给。农村幸福院作为集养老服务、康复、健身娱乐等于一体的综合性服务设施，为农村老年人提供生活居住、日间照料、休闲娱乐、精神慰藉等服务，需要动员村庄内所有的老人、年轻人、村干部等主体参与。但是，在现实的农村幸福院养老服务供给中，互助养老带有某种程度的形式化与短暂性，如依靠村干部与个别村民的服务。"老人来吃饭时聊聊天、拉拉家常也算是互助吧。村里很少有人过来帮忙，那些不到 70 岁的老人不能来吃饭[①]，都有点意见，更不会来帮忙了。幸福院里面的服务还是靠我们几个村干部加两个厨师，其他人靠不上。"（山东济南某村党支部访谈资料）农村幸福院互助养老需要全体居民，尤其是活力老人参与，是一个动员全体村民甚至社会志愿者参与的社区互助圈层。在农村幸福院互助养老

[①] 山东省民政厅在《关于规范农村幸福院建设和运行管理的指导意见》中规定，凡年满 60 周岁以上、未患有精神病（或传染病）的本村村民均可入院活动或接受日间照料，但是基于村庄经费有限、60 周岁以上老人过多等缘由，诸多村庄会按照农村幸福院考核标准，严格控制就餐人数与入院年龄。

主要依靠村干部与几个工作人员，无法动员广大居民参与养老服务时，农村幸福院互助养老服务圈是残缺的，制约互助养老服务供给的持久性。

二　圈层间衔接逻辑单一化

农村幸福院互助养老可持续发展需要不断推动服务圈层的优化拓展与交叉融合，是服务圈层良性互动、互相助推、有效衔接的过程。基于三个服务圈层内在结构失衡及其现实影响，农村幸福院互助养老服务圈层之间呈现圈层衔接"政治动员"与圈层运行"干部运作"的单一化行政推动逻辑，影响圈层之间的有效衔接与复合共生，导致三个圈层之间运转脱节。

农村幸福院互助养老模式的民间自发组织与行政化吸纳是其可持续发展的内在矛盾。农村幸福院建设与运行的制度化导致幸福院的资源投入、管理运营与服务实践主要靠行政推动，企业、家庭、村庄等社会力量被遮蔽而无法动员。乡村养老文化、邻里互助传统、企业社会责任等机制在行政化压力下，要么被忽视，要么缺少适当的接入点。村集体组织、村干部的养老服务参与也是在基层政府推动与行政压制下"被动"进行。"现在幸福院退不了、办不下，是个困境。对农民来说，尤其是那些老人，有个地方娱乐下、吃顿饭总是好的，但是对村集体、村干部就是个负担。村里没钱，上面不给钱，还要经常检查、评选。"（济南南部山区 S 村支部书记访谈资料）自上而下的"基层政府—村集体—村干部"纵向运作结构是串联服务圈层的主要线索，自上而下的行政推动与政治要求是农村幸福院继续办下去的主要动力。农村幸福院互助养老服务主体的"去多元化"与养老服务机制的"去社会化"，导致农村幸福院互助养老服务圈层衔接的主线单一，影响了其可持续发展的动力。

农村幸福院互助养老可持续发展的运作资金、管理团队、服务能力等都基于村集体的发展基础与村干部的运作能力，村干部成为农村幸福院能够办下去的关键。"村干部都是兼职干活，政府给的补贴刚够我的工资。平常的花销，柴米油盐啥的都是村里想办法，有时候村支书自己贴钱。要不是书记自己有经济实力，干厂子、有闲钱，幸福院哪里能办下去啊！"（聊城 D 村村民访谈资料）村集体发展基础好、村干部运作能力强，农村幸福院会获得更多的资源，农村幸福院运转良好与服务全面；村集体发展基础差、村干部运作能力弱，农村幸福院获得的资源就少，农村幸福院的管理运转形式化与养老服务单一化就会比较严重。"幸福院运转资金主要靠政府补贴和村集体收入，村集体收入有限，我们就会申请政府各种项目来增加集体收入，有时候用其他项目的钱支持幸福院运行。村里的企业有时候也会捐钱，但是不经常，也不长久。村'两委'班子也是苦苦支撑。"（文登 G 村支部书记访谈资料）依靠村集体发展基础与村干部能力推动农村幸福院互助养老可持续发展，对于定位于村庄空间与居民互助的农村幸福院无可厚非。但是，农村幸福院运转主要依靠村干部来推动和衔接，缺少村民、企业、社会组织等主体的广泛参与，会导致服务圈层运转结构形成"点状"模式，无法在村干部、家庭、老人、企业等主体之间构建"点—线—面"结合的立体化圈层运转模式。

第四节　农村幸福院互助养老服务圈层结构优化

笔者调研发现，很多村集体组织需要负责农村幸福院运转资金与管理服务等多项事务，村干部苦不堪言，也给出了农村幸福院"适度退出"与聘请专业机构运营两种优化方案。农村幸福院作为基于"政府支持、集体组织、村民互助、公益主导"原则设立的养老服务设施，从其落地村庄的互助属性、弥补乡村养老服务设施不足的价值导向以及政府积极推广的治理作用等方面来看，这两种看似合理的优化方案都不可取。笔者认为，通过优化农村幸福院互助养老服务圈层结构，推进农村幸福院互助养老可持续发展，是较为可行的创新路径。

一　重构"外引内育"的主体合作关系

根据农村幸福院互助养老的功能定位与模式内涵，共建共治共享是农村幸福院运营管理的基本原则，动员多元主体合作是农村幸福院运营管理的基本逻辑。多元主体合作已构成资金、运营与服务三种服务圈层良性运行的基本框架。在政府行政介入过度、社会力量作用发挥有限、村庄内在资源难以调动的整体状况下，通过"外引内育"的方式重构农村幸福院互助养老服务圈层内主体合作关系十分必要。所谓农村幸福院互助养老服务圈层主体"外引内育"是指在坚持多元主体合作框架和村庄主体地位的前提下，通过引入政府、社会等的资源和力量，有效推动村庄内部养老资源的挖掘与培育，最终形成"村庄为主、外界为辅"的多元主体合作格局。

一方面，大力引入政府、社会、企业等多元主体参与农村幸福院建设运营，扩大互助养老服务供给。政府的财政支持、业务指导、评价考核固不可少，但是企业投资与捐赠、社会组织志愿服务也十分必要。例如，农业公司、传媒公司、事业单位等帮扶村庄发展乡村旅游、生态农业、网络带货等特色项目与乡村产业，可以为农村互助养老提供可持续的资金来源。亦可以适当引入村落外的社会组织、专业机构、企事业单位在农村幸福院管理运行上给予专业指导与技术帮扶，以及社会工作组织、社会工作站定期在农村幸福院开展志愿服务。

另一方面，深挖村庄内部养老资源，形成互助养老发展的内在动力。"农村互助养老仍需从农村内部寻找'水源'，建立乡村内部互助的养老机制才是实现农村互助养老可持续发展的有效途径。"（万颖杰，2021）农村幸福院要坚持老年人的主体地位，把老年人作为农村幸福院互助养老的主要责任人与受益者，充分利用村落地缘血缘与邻里互助等先天优势，通过"促进家庭制度、土地制度和村社制度的调适，构建'组织—动员—服务'的互助养老机制，将农村养老的制度优势转化为老龄化农村社会的治理效能"（李永萍，2021）。把村庄内的儿童、妇女等有生力量充分动员起来，尤其需要动员低龄老人积极参与为老服务。例如，充分动员党员、居民积极分子、经济能人、企业主、老年协会等积极参与农村幸福院运营管理工作。亦要充分动员村落社区资源，把村内企业赞助、家庭适当缴费、乡贤献爱心、村庄能人捐赠、老人自我生产等作为农村幸福院互助养老资金的持续来源，形成落脚村落的持续资金流。

二 构建"三同步"的圈层衔接机制

打破农村幸福院"资金—运营—服务"三个运转层次之间的脱节反噬与单线条链接，需要提升多元主体参与效能。依据农村幸福院建设原则与运营实践，基层政府与村集体的作用无可替代，是串联农村幸福院互助养老可持续发展因素的主要行政力量，但亦存在缺位、失位、越位等问题。"政府在资金、法律法规、服务供给等方面都存在严重的缺位，村集体供给能力不足，以及社会帮扶供给滞后。"（贺雪峰，2020）基层政府主要运用行政力量推动农村幸福院建设运营，有严格的考核标准与评估指标；村集体与村干部也是按照上级任务指标组织运营农村幸福院。当政治任务与行政推动代替村落需求、社群帮扶机制，农村幸福院就会异化为基层政府主导的为民设施而非村庄老人的养老去处。其他养老主体，如老人、社会组织、家庭、企业等未被充分动员，其服务资源与能力未被充分发掘，导致邻里互助的传统、村民的村庄身份认同、互帮互惠的个体交换、乡规民约等机制被严重挤压。通过建构基层政府、村落社会与村落外部力量三种力量融合的"三同步"机制，实现"资金—运营—服务"圈层的有效衔接迫在眉睫。

农村幸福院互助养老可持续发展"三同步"机制是指基层政府政策支持、村落自我动员与村庄外部力量定点帮扶，围绕农村幸福院资金、运营与服务圈层的可持续发展同时推进、动态协调。在基层政府与村集体组织行政化强力推动的前提下，需要充分发挥市场、社群机制作用，动员村庄力量与社会帮扶尤为重要。例如，借助市场化的"供求"

关系与盈利原则，动员村庄企业参与农村幸福院的资金输入，让家庭缴纳一定的养老费用，购买社会组织服务支持等。借助社群互惠机制，动员家庭参与农村幸福院运营，"以家庭为依托探索'家庭服务网络'，弘扬乡土社会的'助人自助'精神，塑造互助养老服务共同体，进而实现老有所依、老有颐养"（郑雄飞、吴振其，2022）。相关企事业单位、社会组织与农村幸福院建立定点帮扶机制，在资金引入、管理运营、服务介入等方面给予科学、合理的帮扶。

第五章　农民合作社互助养老模式：运行机制与政策建议

　　合作社供给农村互助养老服务是指由农民专业合作社为老年人提供以解决生活和照料困难为主要内容的服务的一种养老形式。党的十九大以来，农村养老问题一直是实施乡村振兴战略的重大难题。在实地调研中，笔者发现以互助为核心价值的农村集体经济的主要形式——农民专业合作社在农村养老服务供给中发挥了重要作用，为解决农村养老问题提供了新思路。但限于传统认识，合作社供给农村互助养老服务的可行性并未获得广泛认同。同时，合作社供给农村互助养老服务面临诸多困境。本章旨在厘清合作社供给农村互助养老服务的实践形式、运行机制、性质与困境，并在此基础上提出推进合作社供给农村互助养老服务的建议。

第一节　农民合作社互助养老相关研究

一　研究现状述评

（一）合作社的养老功能

　　大量研究阐述了合作社在农村公共服务供给中的作用（Puusa et al.，2013；Nilsson et al.，2012；孔祥智等，2012；孙迪亮，2017；海莉娟，2019）。按照合作社公共服务的特性和对象，合作社公共服务的功能可以分为服务社员与服务社区。服务社员即合作社向内为社员提供公共服务，服务社区即合作社为非社员和社区提供公共服务，是合作社的溢出功能（张超、吴春梅，2015）。从世界范围内来看，欧美国家更关注合作社的经济功能。日韩国家合作社兼具经济功能与社会功能（Park，2016）。比如日本综合农协通过组织互助为高龄者提供支持，并为生活不便的老人提供全面的居家养老服务（苑鹏，2015）；韩国综合农协在从事农产品购销等经济活动的同时，还通过开办老年人俱乐部为老年人提供精神慰藉服务（杨团、孙炳耀，2012；胡伯龙、申龙均，2016）。我国合作社自成立起即承担了一定的养老功能，比如在计划经济时期由人民公社负责承担农村"三无"老人的养老责任。21世纪以来，我国农民专业合作社的养老功能更加突出。合作社在就业支持与收入保障、社会参与和生活意义创造、生活照料与情感支持、孝道泛化与文化传承等方面发挥了重要作用（苑鹏，2013；李俏、刘亚琪，2018），成为以居家为基础、以社区为依托、以机构为补充、医养相结合的农村多层次养老服务体系的有力补充（肖飞，2013；阴启峰、秦立建，2020）。

（二）合作社供给农村互助养老服务的原因

针对这方面的研究，主要有以下观点。一是从合作社的本质属性出发，合作社不仅具有经济功能，更具有社会功能。满足社员需求、追求社员福利和社会福利的最大化、关注社区是其根本目标（Bateman et al.，1979；Sexton，1986；唐宗焜，2012；张超、吴春梅，2015；何慧丽、杨光耀，2019）。二是从社会责任的视角出发，作为一种市场经济主体，合作社需要履行对不同利益相关者的社会责任，供给农村互助养老服务是其承担社会责任的应有之义（Puusa et al.，2013；Vazquez et al.，2014；邵兴全，2018；李俏、孙泽南，2021）。三是从自组织理论和集体行动逻辑理论的角度看，合作社供给农村公共服务，是在农村公共服务供给普遍不足的背景下，社员基于自我服务、自我保障动机进行的"自救行动"，其价值关切在于保障和提升社员福利（秦愚，2018；孙泽南、李俏，2021）。四是从社会资本理论的视角出发，在农村社区场域中，成员同质性较强、社会联系紧密、社会网络发达，加之农村社区精英的带动，合作社能够在公共服务中获取经济收益回馈社员，容易形成合作社供给农村公共服务的实践模式（石绍宾，2009；韩国明、李伟珍，2012）。五是从组织管理的视角出发，合作社提供养老服务，是为了换取社员支持、增进村庄团结，从而促进合作社的规模扩大和良性发展（李俏、贾春帅，2020b）。

（三）合作社供给农村互助养老服务的实践困境与对策建议

进入 21 世纪以来，我国对农民专业合作社供给农村养老服务进行了积极探索，涌现出了多个典型案例，比如河南信阳市平桥区夕阳红养老资金互助合作社（肖飞，2013）、河北省肃宁县益源种植专业合作社"益源养老模式"（王健等，2015）、江苏省宜兴市丰汇水芹专业合作社"以产业带养老"（陈云霞，2017）等，在实践形态上初步形成了再就业、资金互助、生活照料、养老院四种模式（李俏、刘亚琪，2018；李俏、孙泽南，2021）。现阶段合作社供给农村互助养老服务的主要困境如下：一是养老服务水平不高，养老服务专业性较低（阴启峰、秦立建，2020；李俏、贾春帅，2020b）；二是合作社供给农村互助养老服务的制度法规不健全，相关的法律法规、管理制度尚不完善（孙晓红、王晨阳，2020）；三是可持续性不强，合作社提供养老服务的数量与质量与合作社盈利能力息息相关，同时对农村精英高度依赖，可持续发展动力不足（李俏、贾春帅，2020a）；四是政府支持与保障不足等（汲朋飞等，2015；李俏、孙泽南，2021）。针对上述困境，学者们提出强化合作社供给农村互助养老服务制度建设、促进合作社产业融合发展、争取获得地方政府扶持、探索开放经营模式、提高养老项目盈利能力等对策建议。

现有研究成果存在一定的局限。一是理论研究不足。已有研究多聚焦于个别性的地方实践，对合作社供给农村互助养老服务的理论基础，比如合作社供给农村互助养老服务的性质、背景、可行性的提炼不够。二是实践研究不足。缺乏对合作社供给农村互助养老服务运行机制的分析，对策建议尚不全面。三是在经验研究方法上，多采取以观察、访谈为主的案例研究，且一项研究中案例的数目较少。经验研究在方法上存在研究设计简单化、抽样不科学等问题。合作社供给农村互助养老服务研究落后于实践的发展，迫切需要进行扩展与提升。

二　研究意义

理论意义。一是为合作社参与农村互助养老服务供给提供理论依据。在已有研究中，合作社作为互助养老服务供给主体的作用并未获得研究者的充分重视。本章对合作社供给农村互助养老服务进行了深入的理论探讨，特别是对合作社供给农村互助养老服务运行机制的分析，有助于明确合作社供给农村互助养老服务的优势。二是拓展了对合作社参与农村互助养老服务的理论认识。本章类型化合作社供给农村互助养老服务的实践形式，并提炼出合作社供给农村互助养老服务的运行机制，为实现合作社供给农村互助养老服务可持续发展、合作社供给农村互助养老服务模式可推广可复制奠定了理论基础。

实践意义。一是推动合作社供给农村互助养老服务的高质量发展。本章提炼出促进合作社供给农村互助养老服务可持续发展的机制，为突破合作社供给农村互助养老服务面临的困境、推动合作社供给农村互助养老服务的快速发展提供了智力支持。二是有助于健全农村多层次养老服务体系。通过对合作社供给农村互助养老服务可行性、实践形式的分析，明确了合作社在农村互助养老服务供给中的作用，为乡村振兴战略背景下健全农村多层次养老服务体系、解决农村养老问题提供了创新方案。

本章选取来自山东省和江苏省的多个典型案例进行分析。在选取典型案例的基础上，课题组对典型案例开展调查，通过访谈法、观察法获取典型案例资料。访谈对象主要包括案例地区合作社负责人、入社老人、村党支部书记、其他村民等。此外，本章还使用了比较法，通过案例之间的比较，对农民合作社互助养老模式进行分类与归纳。

第二节　农民合作社互助养老的四大模式

以合作社是否与老人直接对接以及所提供的养老服务内容为标准，将合作社供给农村互助养老服务实践归纳为两大类四种模式：一类是直接与老人对接的养老服务，即直接服务老人，包括就业服务模式以及物质供养模式；另一类是间接与老人对接的养老服务，包括社区照料模式和"准机构养老"模式。

一　就业服务模式

就业服务模式即以提供就业技能、就业机会、劳动权益保障为主的养老服务模式，主要服务对象为村内 60～75 周岁低龄老年人，主要包括两种类型。

一是"就业机会"提供模式。比如，以江苏省宜兴市丰汇水芹专业合作社为代表的生产合作社。该合作社对村内具有正常劳动能力的老人开展水芹种植培训，提供参与集体种植的就业机会，吸纳那些无法外出打工的低龄老年人就业，通过就业技能培训、就业岗位提供，增加老年人的经济收入，实现其"自我养老"的目标。再比如，山东省栖霞市亭口镇衣家村劳务合作社主要为村内低龄老年人提供就业机会。该合作社采取"原始股+创业股"方式，为参加集体劳动的老年人发放"工票"，"工票"除可以折合成股份外，还可以用来在合作社买灌溉用水、果树苗和水利管线，此举很好地解决了低龄老人"打不了工、使不上劲、养不了老"的问题。

二是"就业机会+劳动权益保障"模式。典型案例如江苏省太仓市半泾劳务专业合作社，该合作社为 75 周岁以下老人提供就业机会和劳动权益保障。该合作社成立于 2013 年 10 月，通过投资控股太仓市半泾物业管理有限公司，在吸纳本村 75 周岁以下劳动力基础上，分年龄段对不同劳动力给予就业帮助，与市内驻镇驻村企业开展业务合作。合作方式主要有以下三种：通过集体谈判的形式输出年轻劳动力"进厂务工"，由企业负责缴纳社保及保障其他劳动权益；将低龄老年人（主要是"50""60"人员）吸纳进入太仓市半泾物业管理有限公司，作为第三方承包当地企业保洁服务、物业管理、绿化工程、绿化养护等业务，由公司负责对低龄老年人进行上岗培训、工作安排、工资发放以及为其提供其他劳动权益保障；将低龄老年人介绍进入其他生产性合作社或者公司从事农业或服务业工作，通过集体谈判，要求用人单位必须向入职的低龄老年人提供人身意外保险，且不得安排劳动强度较高的工作，一般是工作难度偏低、日均工作时间不足 8 小时、工资普遍在 2000 元以下的工作。通过上述安排，太仓市半泾村低龄老年人普遍可以获得"稳定、离家近、工资与福利得到基本保障"的工作。该合作社以集体谈判的形式最大限度地保护低龄老年人的劳动权益，特别是提供的人身意外保险，既承担了劳动者的"工伤风险"，也保护了用人单位的权益，使用人单位放心大胆地聘用 60~75 周岁的老年人，为老年人老有所为、自我供养提供了坚实保障。正如笔者在实地调研中所做的一个访谈：

> 访谈者：请问您今年多大了？这活一天干几个小时？
>
> 访问对象 6：我今年 70 多（岁）了，不能去厂里打工了，孙子孙女也大了，不需要我看。闲着也是闲着，我就来这里（村内一家果蔬合作社）干点活，主要是拔拔草、修剪一下葡萄枝。一天也就干五六个小时。
>
> 访谈者：一个月有多少钱呢？
>
> 访谈对象 6：有 1500 块钱。我还有退休金呢（太仓市经济发展水平较高，绝大多数农民通过进厂打工、以灵活就业人员身份缴纳保险，从而可以领取退休金），一个月也有 1000 多块钱，这就够啦。

该模式整体上互助水平较低。就仅仅为老年人提供就业岗位、就业机会的生产合作社而言，由于村内年轻人大量外出打工，村庄劳动力不足，雇用低龄老年人或许不仅仅是"来自乡里乡亲的照顾"，更是一种无奈的选择。老年人通过就业自食其力，这仅是一种自我供养的行为，其中的互助成分并不多。而对于劳务合作社所提供的"就业机会+劳动权益保障"，互助不仅体现为就业岗位的创造，更多体现为在村庄精英的带领下，老年人团结起来，凝聚为一股强大的力量，以集体谈判的方式争取工作机会，特别是对老年人的劳动权益保障，使村庄老年人拥有了自己的组织，其中的互助精神是较为明显的。就业服务模式典型案例如表5-1所示。

表5-1　就业服务模式典型案例

序号	案例	服务内容
1	江苏省宜兴市丰汇水芹专业合作社	就业机会
2	江苏省太仓市半泾劳务专业合作社	就业机会+劳动权益保障（人身意外保险）
3	山东省栖霞市亭口镇衣家村劳务合作社	就业机会

二　物质供养模式

物质供养模式是指以满足老年人的物质需求为主要目标，以利息分红或为老年人提供养老物资为主要手段，以农村内置金融合作社为供给主体的服务模式。内置金融合作社是指在农村现有村社组织的内部成立，以资金互助为核心，"政府引导+村委主导+乡贤骨干村民推动+普通村民参与"，旨在解决农村经济发展融资难问题的综合性服务组织，"资金互助促发展、利息收入敬老人"是其核心理念。典型的如菏泽市单县李田楼镇齐楼村新时代文明实践敬老互助合作社等。2020年8月8日，单县为破解农村公共福利互助养老难题，在全市率先成立了四家以农村内置金融为核心的合作社——新时代文明实践敬老互助合作社，李田楼镇齐楼村新时代文明实践敬老互助合作社便是其中之一。该合作社发展乡贤社员 27 名、长者社员 51 名、普通社员 7 名，总计筹集闲散资金 195.6 万元。通过村庄内部放款获得利息收入，盈余按照一定比例用于社员分红和集体经济、公益事业发展。其中，用于长者社员养老红利的占比最高，占到了总盈余的 40%。村内 60 周岁以上老人，按照自愿原则交纳 3000 元股金就可以成为长者社员，每年可享受优先分红。2021 年 9 月，合作社召开首次分红大会，为 51 名长者社员，分别发放 800 元现金分红和面、油等生活用品。

综合考察多个案例，农村内置金融合作社供给互助型"养老服务"主要有以下两个特点。一是入社老人交纳资金门槛低，体现了合作社对入社老人的帮助。菏泽市单县李田楼镇齐楼村新时代文明实践敬老互助合作社、滨州市阳信县流坡坞镇四合新村"内置金融"合作社均将长者社员的入社门槛设置为 60 周岁以上并自愿交纳 3000 元作为股金，而乡贤社员和其他普通社员交纳标准较高。比如，滨州市阳信县流坡坞镇四合新村"内置金融"合作社要求入股乡贤社员每人交纳 1 万～10 万元；济宁市微山县微山岛镇杨村内置金融合作社成立初期入股社员有 114 人，股金共 131.1 万元，平均 1.15 万元/人。二是入社老人享有优先分红权，分红占比高，基本占合作社年盈利的 40%。以济宁市微山县微山岛镇杨村内置金融合作社为例，该合作社每年优先拿出收益的 40% 用于孝敬老人，为入社的长者社员分红。据统计，三年累计分红近 15 万元。2019 年，老人们不仅获得现金分红 1200 元，还有一袋大米和一桶食用油；2020 年，村中 57 名老人每人获得现金分红 1500 元。物质供养模式典型案例如表 5-2 所示。

表 5-2　物质供养模式典型案例

序号	案例	长者社员入社门槛	供给内容
1	菏泽市单县李田楼镇齐楼村新时代文明实践敬老互助合作社	60 周岁以上，自愿交纳 3000 元	优先分红，长者社员优先分红占 40%
2	滨州市阳信县流坡坞镇四合新村"内置金融"合作社	60 周岁以上，自愿交纳 3000 元	老人社员、贫困户社员优先分红占 40%

序号	案例	长者社员入社门槛	供给内容
3	济宁市微山县微山岛镇杨村内置金融合作社		每年优先拿出收益的40%用于孝敬老人，为长者社员分红

三 社区照料模式

社区照料模式即在村庄范围内提供以日常生活照料为主的服务的社区养老服务模式，主要服务对象为村内老年人，特别是70周岁以上的老年人，日常生活照料的基本形式包括助餐（各类幸福餐桌、助餐点）、休闲娱乐、日常照料（日间照料中心）。典型案例如威海市文登区米山镇健之源农业专业合作社。该合作社成立于2020年5月，是由米山镇佛东夼村党支部领办的合作社，主要通过土地流转集中管理经营地瓜种植项目。为助力村级幸福餐桌建设，健之源农业专业合作社流转了2.5亩土地专门用于栽种长寿菜，由村内志愿者进行常态化管护，收获后免费供应幸福餐桌，为老年人助餐提供了物质支持。再比如，威海市文登区泽库镇后岛村水产养殖合作社+农村幸福院（不安排集中居住，仅提供助餐以及日间照护）形式。威海市文登区后岛村通过土地流转、兴办水产养殖合作社等方式，使村集体经济获得快速发展，年均集体经济收入1000多万元。面对日益严重的老龄化形势，2020年后岛村投资100万元建成农村幸福院，其中村集体经济（以合作社为代表）投入94万元，政府补贴6万元。农村幸福院设幸福餐桌与日间照料中心，采取村办民营方式，委托正源堂居家养老照料中心运营。幸福餐桌每天供应2餐，对70周岁以上老人就餐进行补贴，日均就餐人数达到60人，村里老人每天都能吃上2顿热饭。农村幸福院另设床位10余张，供老人日间休息使用。

综合考察多个案例，本书研究发现社区照料模式具有以下特征。

服务对象以村内全体老年人为主，为70周岁以上老年人提供就餐补贴，根据各村合作社盈利能力的不同，补贴力度不一，年龄要求不一。

服务内容主要包括助餐（各类幸福餐桌、助餐点）、休闲娱乐以及来自日间照料中心的日常照料。在养老服务供给中，农民合作社通过提供以下三种支持保障了养老服务的顺利开展。一是养老物资，比如威海市文登区米山镇健之源农业专业合作社向幸福餐桌提供免费蔬菜。二是养老服务资金，主要指幸福餐桌和日间照料中心的运营经费，比如青州市王府街道凤山村助餐点运营经费除政府补助外，由村集体、村里领办的旅游公司和合作社共同承担。三是志愿服务，主要指合作社鼓励社员、组织志愿者在幸福餐桌或日间照料中心提供做饭、打扫卫生、组织文化娱乐活动等服务。社区照料模式典型案例如表5-3所示。

表 5-3　社区照料模式典型案例

序号	案例	服务对象	供给内容
1	威海市文登区米山镇健之源农业专业合作社	村内老年人	为社区照料提供物资：流转2.5亩土地用于栽种长寿菜，由村内志愿者进行常态化管护，收获后免费供应幸福餐桌
2	威海市文登区泽库镇后岛村水产养殖合作社	村内老年人	对70周岁以上老人就餐进行补贴
3	青州市王府街道凤山村凤凰台种植园专业合作社	村内老年人，80岁以上老人午餐全免费，70岁以上的老人自费3元，村内25位老人已经享受到公益助餐服务	餐厅日常运营的费用除政府补助外，由村集体、村里领办的旅游公司和合作社共同承担

四　以幸福院为载体的"准机构养老"模式

所谓"准机构养老模式"是指将村集体土地、集体资金或村民闲置资金和资源入股农民合作社，取得的收益优先回馈幸福院或村敬老院，以保障幸福院（敬老院）正常支出、运营，为入住老人提供集中居住与日常照料于一体的养老服务的养老模式。典型案例如淄博市沂源县东里镇沂河南村沂源洪亮果蔬专业合作社+农村幸福院、昌乐庵上湖村"党支部+合作社+互助幸福院"、栖霞市旅游股份合作社+敬老院。

此模式有以下几个特征。

一是由村党支部、村委会带头整合资源、筹集资金兴办幸福院、老年公寓作为农村老人集中养老机构。比如 2021 年 7 月，淄博市沂源县东里镇沂河南村通过整合土地资源获取土地增减挂钩政策资金 360 万元，建成总面积 4000 余平方米的农村幸福院，包含 4 个既独立又相互连通的院落，每个院落建有 5 户住宅，便民浴室、长者食堂、中心卫生室、理发室一应俱全，能够满足老人多样化需求。又比如昌乐庵上湖村党支部结合本村实际，在市市场监管局、县民政局等部门的共同支持下，于 2019 年投资 100 余万元，对庵上湖小学旧址进行修缮、扩建，建设房屋 25 间，配备办公室、应急室、娱乐室、餐厅、澡堂、老年宿舍，完善地暖、水、电、消防等基础设施，打造了功能齐全、设施完备的庵上湖互助幸福院。

二是服务对象大致为本村 70 周岁以上、身体能自理并以土地、房屋或宅基地等资源入股合作社的老人。比如，昌乐庵上湖村要求本村老人 70 周岁以上、身体能自理方可入住互助幸福院；淄博市沂源县东里镇沂河南村本着子女申请、老人自愿的原则，要求入住农村幸福院的老人将宅基地、口粮田交给村集体，由村级合作社统一经营，所得收益优先反哺农村幸福院，老人则免费入住，食宿无忧，这些老人基本为空巢、独居、孤寡老人。再比如栖霞市成立由村党支部领办的旅游股份合作社，流转留守老人手中闲置民房，引进社会资本，共同开发精品民宿，发展乡村旅游，所得收益按比例向社会资本、合作社、村民等分红。对于仅有一套房屋的留守老人，配套建设村集体经营的敬老院，老人集中入住，所需费用从个人房屋分红中支出；分红盈余部分仍归老人所有，如分红收入难以支撑敬老院花费，缺口部分由村集体"兜底"负责。同时，也有部分幸福院需要子女交纳一定的费用，比如昌乐庵上湖村互助幸福院每年运营费用将近 30 万元，其中 20 万元由村级合作社分红解决，党支部与入住老人子女签订协议，由子女承担入住老人每年 3000 元的入住费用以及因自身原因产生的医疗费用。

三是服务内容以满足老人的衣、食、住、行等基本生活照料需求为主。以幸福院为载体的"准机构养老"模式由于村庄类型、村级合作社盈利能力等的不同，表现出一定的差异性。总体来看，现阶段由幸福院供给的养老服务以基本生活照料为主，兼顾精神文化服务，但服务的标准化程度与机构养老仍有一定的差距，因此笔者将之称为"准机构养老服务"。

四是互助类型多样。一是来自合作社的资金资助。比如昌乐庵上湖村互助幸福院每年运营费用将近 30 万元，其中 2/3 由村级合作社分红解决。再比如淄博市沂源县东里镇沂河南村沂源洪亮果蔬专业合作社将每年收益的 50% 用于农村幸福院运营。二是老老互助，即入院老人之间的互助。合作社解决了幸福院运营的部分资金需求，但幸福院运营的人力资本不足。基于此，昌乐庵上湖村互助幸福院在内部实施网格化自我管理，将入住的 26 名老人划分为 2 个网格，鼓励老人结对帮扶，低龄、有能力的老人为身体条件差的老人提供帮助和服务，同时建立激励机制，记录老人互帮互助好人好事，年底进行评优选树，培育老人互助风尚。三是村民互助。鼓励村内其他类型的自组织、志愿者对入住老人提供养老服务。以淄博市沂源县东里镇沂河南村农村幸福院为例，该幸福院与"凤驿大姐"志愿服务队建立长期合作关系，志愿者定期到农村幸福院开展志愿服务，体现了村民之间的互助。"准机构养老"模式典型案例如表 5-4 所示。

表 5-4　"准机构养老"模式典型案例

序号	案例	服务对象	互助服务内容
1	淄博市沂源县东里镇沂河南村沂源洪亮果蔬专业合作社＋农村幸福院	空巢、独居、孤寡老人等（至 2022 年，沂河南村已有 42 位老人入住农村幸福院，80 岁以上老人占了绝大多数）	（1）资金：合作社在收归集体土地 40 亩基础上，整合流转土地 200 余亩，筹措资金 420 万元，建设现代农业产业园 1 处，集中发展猕猴桃种植产业，将每年收益的 50% 用于农村幸福院运营，50% 作为村集体收入 （2）村民之间的互助："凤驿大姐"志愿服务队

续表

序号	案例	服务对象	互助服务内容
2	昌乐庵上湖村"党支部+合作社+互助幸福院"	本村70周岁以上、身体能自理的老人	（1）资金：合作社负担互助幸福院每年运营资金的2/3 （2）院内老老互助：鼓励入住老人结对帮扶
3	栖霞市旅游股份合作社+敬老院	本村留守老人	资金：老人集中入住敬老院所需费用从个人房屋分红中支出，分红盈余部分仍归老人所有；如分红收入难以支撑敬老院花费，缺口部分由村集体"兜底"负责

根据对以上四种模式的分析，可以发现合作社供给农村互助养老服务的基本流程，即合作社通过流转村集体、老年人、普通村民的宅基地、土地、房屋、闲置资金等，通过政府、企业等的外部支持以及村党支部、乡村精英的内部支持，在合作社盈利的基础上，开展两大类养老服务。一类是直接与老人对接的养老服务，即直接服务老人，包括就业服务模式以及物质供养模式，均是从"合作社到老人"的输送路径。另一类是间接与老人对接的养老服务，即在农村养老服务体系中，合作社是物资提供的关键一环，在合作社的物资、人力支持下，村党支部、村委会通过兴办农村幸福院、幸福餐桌、日间照料中心，将物资转化为向全村老年人供给的社区养老服务和准机构养老服务。合作社不再单打独斗，而是融入现有的农村养老服务体系，相比于第一类养老服务，这类养老服务的覆盖面更广——实现了从入社老人到全体老人的过渡，服务种类更多，服务水平提升。

从互助的类型与内容来看，作为直接提供者的合作社所提供的互助养老服务中，互助主要表现为社内互助，即合作社全体社员对入社老人的帮扶。而作为间接提供者的合作社，在社区照料模式中，互助的范围从社内互助逐步扩展到村民互助。而在"准机构养老"模式中，互助的程度更高，不仅有社内互助、村民互助，更是出现了老老互助、代际互助等类型。可以说，四类互助养老模式的互助程度是逐步提高的。

表5-5　合作社供给农村互助养老服务的互助类型

分类标准		服务对象	服务内容	互助类型
服务的直接提供者	就业服务模式	入社老人	就业机会、劳动权益保障	社内互助
	物质供养模式	入社老人	优先分红＋生活物资分发	社内互助
服务的间接提供者	社区照料模式	村内全体老年人，以高龄、留守、贫困老年人为主	助餐、日常照料、休闲娱乐	社内互助、村民互助
	"准机构养老"模式	一般为70周岁以上，且有生活自理能力的老人	机构式基本照料服务	社内互助、村民互助、院内老老互助

第三节　农民合作社供给互助养老服务的运行机制

相关研究多认为合作社的主要功能在于提供经济服务（徐旭初，2014），对合作社社会功能特别是养老功能的关注较少。合作社供给互助养老服务何以可行？本章认为，乡村精英的带动，特别是以村党支部为核心的领导机制为合作社供给互助养老服务奠定了组织基础。作为参与市场竞争的经济实体，在供给互助养老服务的过程中，合作社逐步建立了"合作社-入社老人-普通村民-村集体"四方利益联结机制，奠定了合作社供给互助养老服务的合法性基础。共同体意识的重建与回归为农民合作社供给互助养老服务提供了精神支持。

一　以村党支部为核心的领导机制

自2007年《农民专业合作社法》实施以来，农民专业合作社获得了大力发展，各类合作社纷纷涌现。通过考察近年来农民合作社供给互助养老服务的历史发现，早期在乡村精英带动下兴办的农民专业合作社主要在老年人就业服务方面发挥了一定的作用，特别是在 2015 年以前，合作社供给互助养老服务的案例并不多见。合作社供给互助养老服务的全面发展集中在 2016 年以来，主要基于以下三方面原因。

一是村庄老龄化的发展。随着新型城镇化、农业转移人口市民化的推进，农村常住人口老龄化率居高不下，以文登区后岛村为例，截至 2022 年，后岛村有户籍人口 2000 余人，常住人口 1000 多人，其中 60 岁以上人口 700 多人，村庄老龄化形势十分严峻。伴随高龄化、空巢化、少子化，农村老人迎来前所未有的养老风险，需要村党支部、村委会予以因应。二是乡村振兴战略的出台。一方面，乡村振兴战略明确提出了"产业兴旺"的目标，要求壮大农村集体经济，合作社迎来新发展机遇。另一方面，乡村振兴战略将"加快建立多层次农村养老服务体系"作为重点任务，政府的高度重视势必会加快农村养老服务体系建设，带来资金、政策、组织规划等方面的大力支持。这无疑为村党支部领办合作社，推动农村养老服务体系创新带来新契机。三是原有村内小型合作社为党支部领办合作社供给互助养老服务提供了经验。村党支部意识到只有大型合作社才有更强的盈利能力，能够最大限度地整合村庄资源，为农村公益事业的发展奠定物质基础和进行智力储备。

在以上三个因素的综合作用下，村党支部"下场"，基于原有的村庄权威，为合作社进行"信用背书"，一方面向外争取来自政府部门、企业、名人的支持；另一方面在内部最大限度地整合村庄资源，包括村集体土地、资产，村民闲置资金、宅基地、土地、房屋等所有可以集结的资源，做大做强合作社，使合作社首先具备稳定的盈利能力，在此基础上以合作社为平台，开展直接与老人对接的养老服务，比如就业服务、物质供养，以及间接与老人对接的养老服务，即充分发挥合作社的资金供给和志愿服务功能，将合作社融入农村养老服务体系，开展社区照料、准机构养老服务。

二　"合作社-入社老人-普通社员-村集体"稳固的利益联结机制

仅有以村党支部为核心的领导机制是远远不够的，合作社建立了与入社老人、普通社员、村集体之间稳定的利益联结机制，使合作社供给互助养老服务成为可能。

一是规模经济与"以资源换养老"：合作社与入社老人的利益联结。一方面，合作社需要入社老人提供土地、宅基地、房屋、闲置资金等，以实现规模经济，提高组织的盈利能力。另一方面，分散的小农经济叠加老龄化、高龄化，使"以地养老"难以为继。因此，对于老人来说，出让现有资源（土地、宅基地、房屋、闲置资金等）的使用权，"以资源换养老"符合自身利益。合作社与入社老人达成利益联盟，合作社流转入社老人的土地、宅基地、房屋、闲置资金等，实现规模经济，为入社老人提供高于自身原有养老水平的养老服务，二者互利共赢。

二是利益让渡与合作关系：合作社与普通社员的利益联结。无论是在物质供养模式还是在社区照料模式中，普通社员均向入社老人或其他村民进行了利益让渡。本来合作社应该按股分红，但是在物质供养模式中，入社老人是优先分红的，且分红占比高达所有盈利的40%，这不仅没有得到普通社员的反对，反而获得了支持，因为合作社向入社老人或其他村民进行利益让渡符合其自身利益。农村社区是基于一定的血缘关系和地缘关系形成的生活共同体，每一位入社老人的背后都有多位近亲属和远亲属，合作社供给互助养老服务的行为可看作近远亲属"养老帮扶"行为的另一种"替代"。有了合作社的帮扶，这些近远亲属的养老压力也减轻了，所谓"肥水不流外人田"正是此意。

三是有为有位：合作社与村集体的利益联结。伴随国家对"三农"问题的重视以及乡村振兴战略的实施，乡村迎来了难得的发展机遇。《中共中央　国务院关于实施乡村振兴战略的意见》指出，坚持党管农村工作的原则，强化农村基层党组织领导核心地位，着力引导农村党员发挥先锋模范作用。合作社作为农民自组织，是坚持农民主体地位、发展农村集体经济的重要举措。合作社供给互助养老服务符合村集体组织，特别是村党支部的期待。合作社供给互助养老服务有利于构建多层次农村养老服务体系，创新多元化照料服务模式。其创新做法也有利于和美乡村建设，使得乡村"脱颖而出"，在选优树优中胜出，从而为乡村争取更多的政策支持，这不仅符合合作社的利益，也是村集体组织"有为有位"的表现。

三　共同体意识的重建与回归：农民合作社供给互助养老服务的精神内核

"共同体是一种持久的和真正的共同生活"，是"在情感、依恋、内心倾向等自然感情一致的基础上形成的、联系密切的有机群体"（滕尼斯，1999）。村庄共同体不仅是地域共同体，更是情感共同体、利益共同体和文化共同体，能有效地将农民个体联结起来，并采取一定的集体行动（杨郁、刘彤，2018）。共同体意识的重建与回归是农民合作社供给互助养老服务的精神内核。

一是尊老敬老孝老的风尚促进了乡村文化共同体的重建。合作社供给互助养老服务，体现了乡村精英、村委会、村党支部对村庄养老的重视，有助于弘扬尊老敬老孝老风尚，社员、村民无不在这一过程中反复习得乡村养老文化，乡村文化共同体得以巩固。二是互助的服务形式促进了村庄情感共同体的发展。"邻里相帮，守望相助"是农民在日复一日的生活中所形成的传统情谊。特别是村庄内的老人，他们生于斯长于斯，将来也要埋于此，熟悉这片赖以生存的土地以及打小就认识的伙伴，互助是他们为安享晚年寻找的出路，更是长期以来的习惯，对互助具有情感上的理解与认同。三是"村庄团结"的再生产与利益共同体的再造。合作社与入社老人、村集体之间形成了稳固的利益联结机制。合作社兴、村民富，能够为农民养老服务提供更多的经济支持，在这一过程中，合作社极大地促进了"村庄团结"的再生产，特别是村党支部领办合作社，将"村庄团结"推向了高峰，进一步巩固了合作社四方之间的利益联结机制，村庄利益共同体更为坚固。

第四节　农民合作社互助养老服务评估

一　农民合作社互助养老服务的特征

与其他市场主体所提供的养老服务相比，合作社所提供的互助养老服务具有以下特征。一是成本低。与市场相比，合作社供给的互助养老服务成本更低，是农村老年人能够"买得起"的养老服务。二是水平低。以物质供养模式为例，综观多个案例，入社老人每年分红 400～1500 元，外加一定的米面油等生活物资，整体来看，物质供应的水平并不算高。再以"准机构养老"模式为例，目前办理集中入住的农村幸福院所提供的养老服务以满足老年人基本生活需求为主，像近年来比较热门的医养结合服务、康养服务，均较少涉及。三是可及性强。与政府相比，作为内生于村庄的本土化组织，合作社对老年人养老需求的反应更及时，是农村老年人"就近可及"的养老服务。四是更多强调老年人的发展性需求。与政府、市场、家庭更多关注老年人的生存性需求相比，合作社在就业促进与社会参与等方面的贡献更突出。

二　农民合作社在互助养老服务中的角色

在农村互助养老服务供给过程中，农民合作社主要扮演了以下三种角色。

服务的直接提供者。这主要表现在就业服务模式与物质供养模式中，合作社主要为入社老人提供就业技能培训、就业岗位、就业机会、劳动权益保障，特别是劳动权益保障服务能够使老年人顺利进入劳动市场，使老年人自我供养获得重要资金来源。

服务的间接提供者。在社区照料模式以及"准机构养老"模式中，合作社被纳入村委会、村党支部主导的面向本村全体老年人的养老服务供给体系中，合作社是社区照料和"准机构养老"所需物资的第一供给者，是村庄内养老服务供给的最重要部分。在物资供应之外，合作社作为村庄自组织还参与了养老服务策划、组织动员等重要工作。

资源联结者。这里的资源联结者是指合作社作为市场主体，与村庄外部资源联结，包括对外宣传、组织社会爱心人士捐款捐物等，将村庄外部资源引入村庄养老服务供给体系中。

三 农民合作社互助养老服务在农村养老服务体系中的定位

在现有的农村养老服务体系中，由于政府供给的基础养老金水平较低（2023 年山东省每位农民基础养老金不低于 260 元，其中每月最低支付金额不低于 200 元），"以地养老""养儿防老"依然是农民养老的重要方式。农民合作社所提供的养老服务虽然水平较低，但确实在一定程度上满足了农村老年人的养老服务需求，特别是社区照料模式中的助餐、"准机构养老"模式中的基本生活照料服务，为高龄老年人、留守老人、贫困老年人等老年人中的特殊困难群体解决了养老问题。作为农民自组织的合作社原本仅是一个企业性质的市场主体，但在实践中却成为农村养老服务的重要供给者，这是合作社社会功能的重要表现，同时也是农村养老服务体系的创新。总体来看，由合作社所提供的互助养老服务是农村养老服务体系的重要补充。

四 农民合作社供给互助养老服务的困境

覆盖面较低。享有合作社供给的互助养老服务的老年人占比还不高。其中，就业服务模式与物质供养模式主要服务对象为入社老人，而社区照料模式与"准机构养老"模式主要为高龄老年人提供服务。比如，青州市王府街道凤山村凤凰台种植园专业合作社所提供的公益助餐服务，村内 80 岁以上的老年人午餐全免费，70 岁以上的老人自费 3 元，村内仅有 25 位老人享受公益助餐服务。低龄老年人需要全额缴费享受服务。有的村明确规定只供应 70 周岁或 75 周岁以上的老年人，并不是所有的老年人都能享有。

制度不健全。合作社供给互助养老服务相关法律法规和国家政策较少，顶层设计不足，导致合作社供给互助养老服务"无据可依"。这也是合作社供给互助养老服务难以获得社会各界广泛认可的重要原因。顶层设计不足，叠加乡村文化水平不高的现实，使乡村精英或村党支部领办的合作社在农村互助养老制度建设方面依然存在不足。

养老服务水平不高。无论是直接向老人提供的养老服务还是间接向老人提供的养老服务，水平均不高。受制于现有的农村经济发展水平以及尚不健全的农村养老服务体系，高龄老年人、留守老人、空巢老人、贫困老年人等老年人中的特殊困难群体本身享有的养老服务是极为有限的。这也是即使合作社所提供的养老服务是低水平的，但仍受到广大老年人欢迎的原因。毋庸置疑，与敬老院或者其他养老服务市场主体相比，现有的合作社互助养老服务仍处于较低水平，这不利于合作社参与农村养老服务的进一步发展。

可持续性较弱。现有合作社供给互助养老服务的筹资机制不健全，合作社供给互助养老服务更依赖于乡村精英的带动以及自身的盈利能力。一旦合作社的盈利能力受到影响，或在市场竞争中落败，合作社供给的互助养老服务将难以为继。此外，随着村庄老龄化的发展，农村老年人比例持续走高，高龄老人、失能老人、留守老人、空巢老人、贫困老年人等老年人中的特殊困难群体也会进一步扩大，这将给合作社的筹资能力带来极大的挑战，在合作社现有盈利能力不变的情况下，老年人规模的扩大势必造成僧多粥少的局面，现有的养老服务水平可能持续走低。如何进一步提高合作社的盈利能力，建立可持续的筹资机制是未来合作社供给互助养老服务面临的一个重要问题。

第五节　推进农民合作社供给互助养老服务的建议

乡村振兴战略背景下合作社供给互助养老服务迎来新机遇。一是乡村振兴战略明确提出了"产业兴旺"的目标，要求壮大农村集体经济，合作社将迎来新发展机遇。二是乡村振兴战略将"加快建立多层次农村养老服务体系"作为重点任务，政府的高度重视势必会加快农村养老服务体系建设，带来资金、政策、组织规划等方面的大力支持。三是乡村振兴战略明确提出"要坚持农民主体地位"原则，强调发挥农民的主体作用，增强农村应对养老挑战的内生力量，作为农民自组织的合作社在农村养老服务体系中的功能发挥将迎来更广阔的空间。为进一步推进合作社供给互助养老服务，本章提出以下三点建议。

一　加强对合作社供给互助养老服务的重视

首先，重视农民合作社的发展。将合作社供给互助养老服务置于乡村振兴大环境下，在产业振兴中促进合作社发展，夯实合作社供给互助养老服务的经济基础，在组织振兴中理顺合作社供给互助养老服务的组织管理，在文化振兴中厚植合作社供给互助养老服务的村庄文化。大力推行党支部领办合作社，充分发挥基层党组织的作用。其次，充分认识合作社在农村养老服务体系中的定位。合作社供给的互助养老服务成本低、可及性强、服务内容多样、更能满足老年人的发展性需求，是农村养老服务体系的重要补充。

二　强化合作社养老制度建设

制度法规的缺失在一定程度上阻碍了合作社养老实践的探索。首先，健全合作社供给互助养老服务相关法律法规、国家政策、合作社章程等，做好合作社供给互助养老服务的顶层设计与制度安排。明确合作社参与农村养老事业的合法性，使合作社运行有法可依，规范和引导合作社在养老服务供给方面有序发展。其次，建立合作社参与农村养老服务供给的基本制度，明确社员制度、产权制度、分配制度以及内外部监督制度。合作社应在广泛了解农村老人实际养老需求的基础上，不断规范内部治理，完善内部管理机制，设立养老服务部门，提供经济上的保障、生活上的照料、医疗上的救助、精神上的慰藉以及权益的保障等。

三　加大政府扶持力度

加大政府对合作社供给互助养老服务的财政扶持与指导帮扶力度。为促进合作社供给互助养老服务的可持续发展，政府应完善相关法律法规，建立对合作社供给互助养老服务的帮扶机制。可采取如下措施：第一，对合作社供给互助养老服务的资金投入进行税费减免；第二，对合作社管理人员开展农村养老服务培训，鼓励其参与农村幸福院、助老食堂建设运营，实现村社管理人才与村社养老服务人才的互培互带，增强农村自组织对养老服务的促进作用；第三，对合作社独立建设运营养老院给予土地政策扶持或租金扶持等。

专题篇

第六章　智慧养老服务模式：发展现状与路径创新

　　随着 2021 年我国进入中度老龄化社会，老龄化、高龄化、空巢化、失能化、慢病化"五化"合一的形势日趋严峻，主要表现在以下四个方面。一是老年人口基数大。据统计，2022 年末，我国 60 岁及以上人口 28004 万人，占全国人口的 19.8%，其中 65 岁及以上人口 20978 万人，占全国人口的 14.9%。[①] 二是老年人口增幅大。老年人正以每年 100 万人的速度增长，预计到 2035 年，我国 60 岁及以上人口将占总人口 30% 以上，进入深度老龄化社会。三是高龄化、失能化持续加剧，健康问题突出。未来 30 年内，我国的老龄化将逐步走向高龄化。人口学家用第七次全国人口普查数据预测，我国 80 岁以上的老人将从 2020 年的 3580 万人增加到 2050 年的接近 1.5 亿人。我国约有 1.4 亿 65 岁以上的老年人多病共存。以国家卫生健康委等在《"十四五"健康老龄化规划》中提到的"78% 以上的老年人至少患有一种以上慢性病"推算，我国患有一种以上慢性病的 60 岁以上老人约有 2.2 亿人。四是空巢比例高。随着生育水平的下降、代际居住观念的转变，我国家庭日益小型化，家庭户均规模从 1982 年的 4.41 人下降到 2020 年的 2.62 人。家庭小，意味着孩子少、跟老人分开居住，"空巢家庭"比例高，家庭的养老功能有所减弱。未来十余年是我国人口老龄化快速发展时期。2035

---

① 《2022 年度国家老龄事业发展公报》，https://www.gov.cn/lianbo/bumen/202312/content_6920261.htm，最后访问日期：2024 年 7 月 12 日。

年左右，我国老年人口的比例将超过 30%，随着第一次出生高峰人口开始步入高龄阶段，人口高龄化加速，养老、护理、医疗需求也相伴而来。传统的养老模式越来越难以满足养老市场的需求，以互联网和大数据为依托的智慧养老应运而生，这种新型的养老模式开辟了解决养老难题的新途径。

第一节　智慧养老服务模式相关概念

智慧养老的前身是"智能居家养老"（Smart Home Care），最早是在 20 世纪 90 年代初由英国生命信托基金会提出，原来的名称为"全智能化老年系统"（Intelligent Older System）。该系统使老年公寓全智能化，通过计算机技术、无线传输技术等手段，在地板和家电中植入电子装置，密切关注老年人的日常起居，全方位保障老年人的身心健康，使老年人能够安享晚年。之后又出现了"智慧城市"的理念和实践，为养老服务的智慧化创造了客观条件。

智慧养老是对智能养老的升级，"智能养老"和"智慧养老"都离不开信息技术的大力支撑，二者在信息技术的运用上具有递进关系。在系统与设备的能力方面，"智能"主要体现在设备或者装置能够根据不同的现场状态，在程序控制下做出不同的判断，并实施相应的行动；"智慧"则进一步体现为对影响现场状态的多种因素进行相关性和系统性的分析与预测，以产生"更适合""更聪明"的判断。在人与系统的能动性方面，"智能养老"主要体现了系统与设备对老年人身体、现场相关信息的监测和控制，老年人处于被动接受状态；"智慧养老"强调系统、设备、人、现场融为一体，老年人以显性或隐性方式主动干预设备与系统的运行，以得到更健康、更有尊严、更愉悦、更有价值的老年生活。目前比较常见的智慧养老模式为，从事智慧养老行业的企业搭建一个智慧养老服务平台，在这个服务平台上提供服务和设备等智慧养老产品，社会养老机构和家庭养老服务中心等购买平台上的产品然后提供给老年人。以可穿戴设备为例，如果老年人出现摔倒、身体不适等情况，可穿戴设备会将情况及时发送到服务平台，机构人员接收到服务平台的信息后，会第一时间采取相应的救援措施，保障老年人的健康和安全。

清华大学互联网产业研究院发布的《智慧养老产业白皮书（2019）》，给出了智慧养老的定义。智慧养老（Smart Senior Care，SSC）是指利用人工智能、大数据等先进技术，整合政府、社区、养老机构等生态系统，为老年人提供优质、快捷的养老服务。[①] 简单来讲，智慧养老是以老年人生活、健康、娱乐等需求为基础，利用新一代信息技术，为老年人的日常生活提供智能、交互、友好的养老服务，提升老年人的幸福指数。左美云（2018）在《智慧养老：内涵与模式》一书中阐述了智慧养老的三层含义：一是智慧助老，用信息技术等现代科技帮助老年人，满足老年人物质层面的需求；二是智慧孝老，用信息技术等现代科技孝敬老年人，包含伴老、顺老、敬老、耐老等传统孝文化的内容，满足老年人精神层面的需求，彰显了中国特色；三是智慧用老，即利用好老人的经验智慧，帮助老年人老有所为，发挥余热，继续为社会做出贡献。

对于智慧养老的概念，学界虽没有明确一致的定义，但也达成了共识：智慧养老是利用物联网、大数据、云计算、智能硬件等新一代信息技术，实现个人、家庭、社区、机构与养老服务资源的有效对接和优化配置，提供智慧化、个性化、多样化、便利化的养老产品和服务。其核心与根本是"养老"，过程与手段是"智慧"，是一种适应信息化、智能化发展趋势的新型养老模式，是经济社会和科技生产力发展到一定阶段的产物。

与传统养老服务相比，智慧养老有着独特的优势。一是技术先进。智慧养老系统融合了人工智能、大数据等先进技术，为智慧养老提供了技术保障。从技术层面看主要包括数字化智慧平台和智能产品。数字化

---

① 《白皮书发布｜〈智慧养老产业白皮书（2019）〉》，http://www.iii.tsinghua.edu.cn/info/1097/1615.htm，最后访问日期：2024 年 7 月 16 日。

智慧平台由信息系统与互联网应用平台共同搭建，这个平台可以有效链接老人、家属、政府及为老人提供服务的助老员。智能产品种类多样，涵盖日常生活的多个方面，比如智能手环、智能手表、紧急救援按钮、智能定位产品、红外感应、生命检测仪、护理机器人、智能检测设备等。智能产品和数字化智慧平台构建起了一套技术先进的智慧网络系统。老人日常生活中的身体健康数据、言谈举止数据、活动路径数据被完整地保存在智慧养老系统中，并由云端数据分析系统持续进行分析和监视。二是服务人性化。智慧养老始终坚持以人为本的核心理念，将老年人的需求作为根本出发点，将老年人的使用体验作为最终追求，通过专业化的智能设备硬件、人性化的配套软件，向老年人提供丰富的、个性化的、人性化的养老服务，且服务不受地域限制，老年人可根据自身需求随时随地享受高品质的养老服务。三是服务高效化。智慧养老通过高科技手段整合了现有的分散的养老资源，通过后台算法优化养老资源配置，实现供需间的精准匹配，大幅提升了养老资源利用效率，提高了养老服务质量，同时又降低了养老成本，减轻了老年人的经济负担。四是服务综合化。智慧养老不但能为老年人提供日常生活服务，还能满足老年人的精神文化需求。在日常生活层面，为老年人提供生活护理、医疗保健等服务；在精神文化层面，为老年人提供学习娱乐、社会交际等服务。此外，智慧养老还可以让老年人再就业，焕发人生第二春，充分发挥其丰富的社会经验和知识技能优势，实现更广阔的社会价值（蔡政儒、杨晓波，2023）。

第二节　智慧养老服务模式的发展

一　我国智慧养老服务的政策支持

我国政府高度重视智慧养老产业和事业发展。2016 年，国务院办公厅出台《关于全面放开养老服务市场提升养老服务质量的若干意见》，首次在国家政策中提出"智慧养老"，要求将互联网、物联网、大数据等相关技术与养老服务行业有机结合，创造出新型居家养老模式，这是我国智慧养老行业发展的重要里程碑。2017 年，工业和信息化部、民政部、国家卫生计生委三部委联合印发《智慧健康养老产业发展行动计划（2017—2020 年）》，要求利用物联网、云计算、大数据、智能硬件等新一代信息技术产品，实现个人、家庭、社区、机构与健康养老资源的有效对接和优化配置，推动健康养老服务智慧化升级，提升健康养老服务质量效率水平，并提出"到 2020 年，基本形成覆盖全生命周期的智慧健康养老产业体系"。《中华人民共和国国民经济和社会发展第十四个五年规划和 2035 年远景目标纲要》（2021 年 3 月）中明确提出"培育智慧养老新业态"，向老年人提供智能化的适老服务，加强信息技术对智慧健康养老产业的提质增效支撑作用。《"十四五"国家老龄事业发展和养老服务体系规划》（2022 年 2 月）、《中共中央 国务院关于加强新时代老龄工作的意见》（2021 年 11 月）提出，大力发展银发经济，加快推进互联网、大数据、5G 等信息技术和智能硬件在老年产品领域的深度应用。政府政策支持力度持续加大，为智慧养老服务发展提供了有力支撑（见表 6-1）。

表 6-1　我国智慧养老发展相关扶持政策

发文时间	发文单位	文件名称	核心内容
2011 年 9 月	国务院	《中国老龄事业发展"十二五"规划》（国发〔2011〕28 号）	实现街道和社区居家养老服务网络全覆盖
2014 年 6 月	民政部办公厅	《关于开展国家智能养老物联网应用示范工程的通知》（民办函〔2014〕222 号）	在北京市第一社会福利院等 7 个养老机构开展智慧养老物联网试点工作
2015 年 7 月	国务院	《关于积极推进"互联网+"行动的指导意见》（国发〔2015〕40 号）	鼓励信息技术在养老服务机构的应用
2017 年 2 月	工业和信息化部、民政部、国家卫生计生委	《智慧健康养老产业发展行动计划（2017—2020 年）》（工信部联电子〔2017〕25 号）	推进健康养老产品的设计与应用，推广智慧养老服务新模式

续表

发文时间	发文单位	文件名称	核心内容
2017 年 7 月	工业和信息化部办公厅、民政部办公厅、国家卫生计生委办公厅	《关于开展智慧健康养老应用试点示范的通知》（工信厅联电子〔2017〕75号）	建设一批示范乡镇、企业、基地
2018 年 4 月	国务院办公厅	《关于促进"互联网＋医疗健康"发展的意见》（国办发〔2018〕26号）	鼓励医疗服务运用互联网技术，创新医疗服务模式
2019 年 1 月	国家卫生健康委办公厅	《关于开展"互联网＋护理服务"试点工作的通知》（国卫办医函〔2019〕80号）	明确高龄或失能老人等为服务对象；确定北京市等六个试点省份
2019 年 4 月	国务院办公厅	《关于推进养老服务发展的意见》（国办发〔2019〕5号）	促进信息技术和智能产品在智慧养老领域深度应用
2020 年 12 月	国家卫生健康委办公厅	《关于进一步推进"互联网＋护理服务"试点工作的通知》（国卫办医函〔2020〕985号）	制定"互联网＋护理服务"管理制度、服务规范和技术标准
2020 年 11 月	国务院办公厅	《关于切实解决老年人运用智能技术困难的实施方案》（国办发〔2020〕45号）	坚持传统服务方式与智能化服务创新并行，切实解决老年人在运用智能技术方面遇到的突出困难
2021 年 3 月	两会授权发布	《中华人民共和国国民经济和社会发展第十四个五年规划和2035年远景目标纲要》	加快数字化发展，建设数字中国
2021 年 10 月	工业和信息化部、民政部、国家卫生健康委	《智慧健康养老产业发展行动计划（2021—2025年）》（工信部联电子〔2021〕154号）	促进智慧健康养老产业发展，积极应对人口老龄化，打造信息技术产业发展新动能
2022 年 2 月	国务院	《"十四五"国家老龄事业发展和养老服务体系规划》（国发〔2021〕35号）	制定规划，促进广大老年人更好地适应并融入智慧社会
2022 年 11 月	工业和信息化部办公厅、民政部办公厅、国家卫生健康委办公厅	《关于组织开展2022年智慧健康养老产品及服务推广目录申报工作的通知》（工信厅联电子函〔2022〕303号）	制定《智慧健康养老产品及服务推广目录（2022年版）》

二 我国智慧养老服务的发展现状

为落实《智慧健康养老产业发展行动计划（2017—2020年）》，工业和信息化部、民政部、国家卫生健康委三部委先后于 2017 年、2018年在全国 10 余个省市开展了两批智慧健康养老应用试点示范，共包括79 家示范企业、130 个示范街道（乡镇）和 29 个示范基地。2017 年至2021 年发布 5 批智慧健康养老示范企业、园区、街道、基地名单，累计创建示范企业 204 家、示范街道（乡镇）342 个、示范基地 86 个、示范园区 2 个（见表 6-2）。2018 年、2020 年、2022 年发布三批《智慧健康养老产品及服务推广目录》，累计遴选出 174 项产品和 179 项服务。产品类涵盖健康管理类可穿戴设备、便携式健康监测设备、自助式健康检测设备、智能养老监护设备、家庭服务机器人等项目；服务类涵盖慢性病管理、居家健康养老、个性化健康管理、互联网健康咨询、生活照护、养老机构信息化等项目（见表 6-3）。数据显示，2022 年我国智慧健康养老产业市场规模为 4.2 万亿元，占养老产业规模的42.63%。① 新一代信息技术与智能化养老产品深度融合，智慧养老产品应用于远程医疗照护、线上医疗、慢性病管理、健康咨询、快速诊断、亲情关怀、在线监控、智慧导诊、紧急救助等场景，智慧养老产业规模不断扩大并迎来发展的黄金期（吴雪，2021）。

表 6-2 五批智慧健康养老应用试点名单

批次	年份	智慧健康养老示范点		
		企业	街道（乡镇）	基地（园区）
1	2017	北京爱依养老服务股份有限公司、上海安康通健康管理有限公司、安徽静安健康产业发展股份有限公司、山东众阳软件有限公司等 53 家	天津市河东区东新街道、上海市静安区共和新路街道、济南市历下区甸柳新村街道、深圳市龙华区观湖街道等 82 个	上海市长宁区智慧健康养老示范基地、济南市历下区智慧健康养老示范基地、大连市沙河口区智慧健康养老示范基地、焦作市智慧健康养老示范基地等 19 个

---

① 《2022 年我国智慧养老产业市场规模超 4 万亿元毫米波雷达能监测老人是否摔倒》，https://finance.sina.com.cn/jjxw/2023-07-28/doc-imzehfir7571782.shtml，最后访问日期：2024 年 7 月 12 日。

续表

批次	年份	智慧健康养老示范点		
		企业	街道（乡镇）	基地（园区）
2	2018	华录健康养老发展有限公司、上海友康信息科技有限公司、荣成盛泉养老服务有限公司等26家	上海市长宁区程家桥街道、杭州市西湖区北山街道、安徽合肥市蜀山区南七街道、济南市天桥区宝华街街道、银川市兴庆区凤凰北街街道等48个	上海市奉贤区智慧健康养老示范基地、杭州市智慧健康养老示范基地、济南市天桥区智慧健康养老示范基地等10个
3	2019	北京康加科技有限公司、中科恒运股份有限公司、哈尔滨沐霖科技有限公司、上海海阳互联网养老服务集团股份有限公司、山东孝之源养老服务产业发展有限公司等38家	北京市海淀区西三旗街道、上海市长宁区北新泾街道、苏州市吴中区长桥街道、安徽铜陵市铜官区西湖镇、山东淄博市张店区科苑街道等95个	上海市闵行区智慧健康养老示范基地、太原市智慧健康养老示范基地、苏州市吴中区智慧健康养老示范基地、潍坊市寿光市智慧健康养老示范基地等23个
4	2020	北京诚和敬驿站养老服务有限公司、上海市爱护网健康管理有限责任公司、天津爱德励科技有限公司、南京索酷信息科技股份有限公司、山大地纬软件股份有限公司等51家	北京市西城区西长安街街道、上海市长宁区新泾镇、杭州市滨河区西兴街道、济南市泉城路街道等72个	长春市二道区智慧健康养老示范基地、杭州市滨江区智慧健康养老示范基地、合肥市智慧健康养老示范基地、济南市市中区智慧健康养老示范基地等17个
5	2021	泰康之家燕园（北京）养老服务有限公司、河北瑞朗德医疗器械科技集团有限公司、山东沃尔德生物技术有限公司、成都吉大信息技术有限公司、深圳市迈迪加科技发展有限公司等36家	上海市闵行区新虹街道、无锡市新吴区旺庄街道、成都市都江堰市青城山镇、杭州市萧山区临浦镇、济南市市中区杆石桥街道等45个	上海市普陀区、南京市雨花台区、南京市江宁区、杭州市萧山区、青岛市西海岸新区等17个；东台沿海湿地旅游度假经济区、安阳市内黄县康复设备产业园等2个

表6-3 《智慧健康养老产品及服务推广目录（2022年版）》分类

一、智慧健康养老产品

分类	小类	描述	基本要求	功能要求
1. 健康管理类智能产品	1.1 可穿戴健康检测设备	具备心率、睡眠、心电、运动量或血氧等单一或多参数检测功能的可穿戴设备，如智能手环/手表、动态心电记录仪、智能服饰等		可实现对生理参数和健康状态信息进行动态监测、即时管理、预警等，对所具备的功能进行过严格的验证评估。指标符合相关标准
	1.2 健康监测设备	具备血压、血糖、血氧、体脂、心率、骨密度等单一或多参数进行监测的智能设备，如智能血压计、毫米波雷达设备、睡眠呼吸障碍筛查设备等	具备独立的设备标识码，具备标准化传输模式；	具备与平台对接实现智能分析、警示和远程管理能力，对所具备的功能进行过严格的验证评估。指标符合相关标准
	1.3 家庭医生随访工具包	用于医护人员在基层诊疗随访中使用的集成式或分立式智能健康监测设备，如便携式健康一体机等	具备数据实时传输能力；具备与大数据平台对接服务的能力；数据平台与系统应符合相关信息安全标准；产品应符合电气安全等相关国家标准；具备有趋势分析、智能预警等功能	具备8种以上健康监测功能、健康指标监测和数据采集功能，与信息系统对接；支持异常安全机制，内部存储不少于48小时；支持离线及在线工作模式；监测内容中包含心电项目的设备，应具备心电远程会诊功能（心电图可存储并根据需要上传至心电远程会诊平台）。指标符合相关标准
	1.4 社区自助式健康检测设备	适用于社区机构、公共场所，集成了多种健康检测功能的设备集合及管理系统，如健康站、便于居民开展自助式健康指标监测等		具备8种以上健康体检功能；可实现居民身份识别、健康档案查询、健康教育、健康咨询、电话向医生进行健康咨询，通过视频/语音/IP健康指标监测和数据采集功能，与信息系统对接；无须专业人员辅助使用；支持远程双向视频问诊。指标符合相关标准

续表

分类	小类	描述	基本要求	功能要求
2. 老年辅助器具类智能产品	一	利用人工智能、增强现实、智能传感及控制等技术的智能辅助设备，如智能助听、助视设备等		对所描述的功能进行过严格的验证评估，并符合相关标准
3. 养老监护类智能产品	3.1 智能监测设备	对老年人人身安全情况进行监测的跌倒报警、防走失、紧急呼叫，室内外定位等智能设备，如毫米波雷达、红外热像仪等	具备独立的设备标识码，具备标准化传输模式；具备与实时传输数据能力；具备与大数据平台对接服务的能力；数据平台系统应符合相关信息安全	对所描述的功能进行过严格的验证评估，并符合相关标准
	3.2 智能看护设备	为养老护理工作减能赋能、提高效率及质量的智能看护设备，如智能床垫、睡眠监测仪等		对所描述的功能进行过严格的验证评估，并符合相关标准
4. 中医数字化智能产品	一	具有健康状态辨识、中医诊断治疗等功能的中医数字化智能产品，如中医四诊仪等	产品应符合电气安全等相关国家标准；具	对所描述的功能进行过严格的验证评估，并符合相关标准
5. 家庭服务机器人	一	围绕助老助残、家庭生活需求的残障辅助、情感陪护、娱乐休闲，如机器人管家等能服务型机器人等	有趋势分析、智能预警等功能	对所描述的功能进行过严格的验证评估，并符合相关标准
6. 适老化改造智能产品	一	针对老年人进行适老化改造的智能设备，如智能电视、手机等		对所描述的功能进行过严格的验证评估，并符合相关标准

续表

分类	小类	描述	基本要求	功能要求
7. 场景化解决方案	7.1 家庭养老床位	集成多种居家安全和智养老产品，把养老机构专业化的养老服务延伸到家庭，对家有老人的家庭开展适老化改造，智能化改造，满足居家老年人享受专业照护服务的需求	运用互联网、物联网、大数据等信息技术手段及智能终端设备	具有紧急呼叫、环境监测、行为感知等基本功能
	7.2 智慧助老餐厅	面向社区养老食堂场景，集成应用互联网、人工智能等技术，提供便捷就餐服务	打造场景化解决方案。方案采用的信息系统符合国家相关信息安全标准要求，具备安全防范管理机制，建立隐私数据管理和使用规范，保障用户隐私数据安全	具有线上订餐、便捷支付、精准补贴、膳食管理、食品安全监管等一种或多种功能
	7.3 智慧养老院	集成应用智慧养老产品及信息化管理系统，提供运营智慧化服务，提升养老机构运营效率		具有入住管理、餐饮管理、健康管理、生活照护、出入探视管控、无接触消毒等一种或多种功能
	7.4 智慧化康复中心	利用信息化服务平台及智能康复设备，实现康复过程流程化、信息化，体系化及康复训练的科学化，提高康复质量		具有康复计划追踪、康复情况评估、康复流程追踪等基本功能
	7.5 智慧药房	利用互联网、大数据、人工智能等信息技术手段，实现无接触式 24 小时配药服务		具有自助购药、快速发药、智能补药、药品管理、处方审核等基本功能

二、智慧健康养老服务

分类	小类	描述	基本要求	功能要求
1. 智慧健康养老服务	1.1 个性化健康管理	基于个体的健康现状，建立健康管理档案，经科学、系统和专业化的健康风险综合分析评估，提出健康管理指导方案	运用互联网、物联网、大数据等信息技术手段，提供智慧健康养老服务。具备各类健康养老数据管理和智能分析能力，具备健康养老大数据的智能判读、分析和处理能力。服务	开展信息采集、体征监测、趋势分析、风险筛查、健康计划、预防保健、慢病管理、紧急救助、康复指导等服务
	1.2 互联网＋健康咨询/科普	利用互联网技术手段，实现预约的健康咨询，获取专家的预约服务和在线的咨询服务或互联网医疗服务；通过互联网平台获取多种健康保健知识		开展在线咨询、预约挂号、诊前指导、诊后跟踪、康复指导、科普宣传、健康教育等服务
2. 智慧养老服务	2.1 互联网＋居家养老生活照料	利用互联网技术手段，精准对接需求，开展老年人居家养老生活照料上门服务		开展助餐、助浴、助洁、助行、助医、助急等服务
	2.2 互助养老	运用互联网、大数据、区块链等技术手段，采取时间储蓄、服务积分等方式，赋能互助养老		具有老年人信息管理、需求发布、时间存储记录、养老服务内容管理等功能
	2.3 老年人能力评估	运用音视频技术、智能产品赋能老年人能力评估，红外传感器、毫米波雷达，为老年人提供能力评估服务	采用的信息平台符合国家相关信息系统安全标准要求，具备安全防范管理机制，建立隐私数据管理规范和使用规范，保障用户隐私数据安全	按照老年人能力评估体系实施老年人能力评估服务
	2.4 线上老年教育/购物	利用互联网技术手段，为老年人提供知识、资讯、娱乐、社交、购物等服务		开展课程培训、在线直播、购物等服务

三　我国智慧养老服务的实践模式

本书在对三部委 2017 年以来公布的 5 批智慧健康养老示范点和智慧养老典型案例进行调研分析的基础上，发现我国智慧养老主要有三种模式。

（一）智慧养老的社区居家模式

智慧养老的社区居家模式是传统社区居家养老的智能化、信息化升级，该模式把物联网、大数据和移动互联网技术引入社区居家养老，它吸收了家庭养老和社会养老的优点和可操作性，既可以满足老人家庭养老的需要，又可以通过技术优势，实时观测老人的健康状况，并为老人提供上门服务。

智慧社区居家养老系统主要包括四个部分，一是社区居家养老信息管理系统，由政府或企业统一管理在册老人的基本信息，如老人信息、家属信息等；二是与提供养老服务的商家、医疗机构进行对接的服务应用系统，根据老人需求提供相应的养老服务，如生活资讯、健康监控等；三是面向服务对象的各类客户端，如一键通终端、视频监视器、智能腕表、GPS 定位设备等；四是链接上述系统的通信网络支撑系统，如统一的信息呼叫平台等。

该模式的主要实现方式包括在老人家中安装电子呼叫服务器和便携式安全仪器；为老人外出活动配置具有定位、报警、通话等功能的随身安全管理仪器，加强老人外出期间的安全保障；建设智慧居家养老服务信息平台，包括客服服务平台、客服信息数据库、内部网管系统、人力资源管理平台等支撑系统，为社区居家老人提供动态监控、健康远程监测、生活照料等服务；搭建社区智慧居家养老服务载体——社区养老服务中心，满足老年人在家或社区享受养老服务的需求；开办助老食堂、图书室、娱乐活动室等，满足老年人物质生活和精神生活需要。

泰康之家·燕园是 2021 年获批的智慧健康养老示范企业。泰康之家·燕园智慧医养体系被称为"泰康智慧社区样板"，兼具开放性与安全性，利用物联网、大数据、人工智能等高科技手段来实现老人安全健康快乐、运营效率提升的目标。泰康之家·燕园通过自主研发的智慧健康养老服务云平台系统，应用一系列智慧科技，全方位融入安全、生活、健康等方面。在安全方面，无线报警定位、活动轨迹、离床报警等各个系统将有效预防老人的跌倒及走失风险；在生活方面，交互大屏、电视管家等的运用，为老人带来更多便利和乐趣；在健康方面，通过利用智慧科技，居民可以享受到健康档案、慢病管理、远程问诊等服务，获得定制化的健康管理计划。另外，智慧健康养老服务云平台系统还可对接一系列智能健康硬件，通过大数据分析，推荐、定制最适合居民的全方位管理方案。

2021 年获批智慧健康养老示范基地的杭州市萧山区打造了萧山区智慧养老信息化系统。该系统是以数据为生产要素，依托一体化智能化公共数据平台，融合卫健等 19 个部门数据，集数据治理、应用协同等功能于一体的区县级智慧养老系统。整个系统犹如一个"智慧大脑"，涵盖多个具有萧山元素的特色场景，包括"安居守护一件事""家庭床位""上门服务""主动关怀""区域指标""智慧助餐""医养结合""时间银行""e 键乐养""养老监管"等。萧山区夯实"三边一云"（老年人身边、周边、床边和数字云）养老服务，以深化居家养老服务为例，通过安装门磁、烟感、气感、睡眠呼吸监测仪等"安居守护"套件，智慧养老呼叫中心 7×24 小时主动感知守护，6000 余位高龄、孤寡、独居老人成为守护对象，累计发现并处置居家安全隐患 4700 余次。①

2018 年获批智慧健康养老示范企业的青岛中康国际医疗健康产业股份有限公司，依靠健康管理、医养结合的专业机构和专业团队，以互联网、移动互联网、智能互联设备等技术为手段，以医养结合为运营核心，以社区为支点，以家庭为服务主体，以老龄人群为服务对象，通过

---

① 《聚焦"一老一小"打造民生改善新样板》，https://www.xsnet.cn/content/2022-08/19/content_283673.html，最后访问日期：2024 年 7 月 16 日。

接入第三方服务商，打造健康管理、医疗服务和智慧养老服务三位一体、线上线下一体化运营的健康医养综合服务平台，构建涵盖健康管理、医疗服务、养老服务、生活服务的闭环生态。

（二）智慧养老的机构模式

智慧养老的机构模式与智慧养老的社区居家模式的最大区别是养老场所不同。智慧养老机构的服务对象主要是在养老机构中居住和生活的老人，包括没有家人照顾的孤寡老人和生活不能自理的残疾老人，以及愿意在养老机构接受智慧养老服务的健康老人。智慧养老机构的管理系统，引入物联网、高科技信息技术，通过射频识别（RFID）、传感器、无线传输等信息传感设备，实现对机构内老人的日常生活远程监控、实时定位和实时服务管理。

智慧养老机构系统包括两部分：信息平台和用户终端。信息平台可以运用信息化手段进行用户管理、服务管理和运营管理；用户终端采取RFID技术和无线传输技术，配合体温、脉搏和重力感应等传感，在老人身上配置RFID标签和各种传感器，通过无线传输与监控端无线互联，即以老人为对象组成一个小型的物联网，进一步实现RFID定位、实时健康状态监测、位置信息查询和重力感应摔倒报警等功能，对老人进行精准定位，对其身体健康指数进行实时监控。

贵阳多家养老机构利用大数据搭建院内"数智养老"平台，满足老年群体多层次、多样化养老需求。通过"数智养老"平台，工作人员可以随时掌握老年人的身体状况和生活情况，输入到后台系统，家属也可以在手机上了解老人的身体状况。老人的血压、血糖、血氧和服药等情况，三餐搭配、每天活动的情况等，都会由厨师、社工上传到系统后台，便于家属通过手机端随时了解老人每天的动态。

威海盛泉滨海智慧养生园开发了智慧养老服务云平台，为老人提供智慧养老服务。房间的卧室、客厅、厨房、卫生间均安有信息采集设备，随时监测房间内老人的动态，采集来的信息被传送到平台后，平台经逻辑判断识别老人是否需要帮助。该平台还参考食谱方案、病史、体检指标、医疗医保系统数据，出具分析报告，提供健康指南。养生园与百度公司合作，研发了以"语音交互"为主要特色的适老服务终端"小杜康养管家"，实现个性化康养方案的主动推送、健康专业知识查询、服务呼叫、视频咨询问诊、亲情关怀、智能家居控制等功能。

济南市历城区养老服务中心配备呼叫中心系统，老人出现突发性事件，可以通过智能设备一键紧急呼救键发出呼叫信息，系统中心平台会自动出现来电弹屏，显示老人基本信息以及实时的定位。老人的床上有智能体征睡眠床垫、智能定位手环，卫生间配备毫米波雷达跌倒探测器和一键呼救器等智能化设备。通过智慧养老信息平台，工作人员可以随时关注老人的实时位置和身体健康情况。

（三）智慧养老的医养结合模式

老年人普遍存在慢性病多病共存的特征，医疗也成为养老行业的刚需。智慧养老的医养结合模式是借助科技力量，利用先进的智能设备，将医疗卫生与养老服务结合起来，不仅提供传统养老模式的基本生活服务，如日常生活照料、精神慰藉和社会参与，还提供预防、保健、治疗、康复、护理和临终关怀等医疗护理服务，打造集医疗、康复、护理、养老于一体的康养服务体系。目前，该模式主要有以下四种类型。

一是居家巡诊医养结合型。以家庭医生签约为抓手，以基层医疗卫生机构为主战场，依托手机 App 和软件系统，家庭医生与社区居家老人建立相对稳定的契约服务关系，实现"居家巡诊"，将医疗护理和康复等服务延伸到家庭，为老人提供日常护理、保健咨询等服务。目前，我国的家庭医生签约智慧养老服务自 2017 年实行以来已经取得明显成效。以浙江为例，浙江嘉兴针对居家老人依托家庭医生提供连续性健康管理和医疗服务，65 岁以上老年人签约率达 88.65%（窦皓、叶丰收，2022）。海宁上线的"e 护康"就是一个代表案例，老人子女通过浙里办 App 进入"e 护康"，可以为不在身边的老人下单居家医护服务。该平台整合了医院等服务资源，可在下单的 15 分钟内为失能老人提供诸如家庭医生上门、专科护士护理、居家康复、长护险照护等 48 项医护服务。中国移动旗下全资子公司中移互联网有限公司推出 5G 快签家庭医生签约线上服务，开展"互联网+线上服务"，老年人通过 5G 快签在一站式电子签名平台在线选择心仪的家庭医生、填写个人信息并进行实名认证。截至 2023 年 6 月，该方案已在广州、东莞、佛山等多个地市落地应用，覆盖居民人数超 200 万人。[①]

二是"医中有养"型。包括两种类型，第一种类型是依托医联体在原有医疗卫生机构开展医养结合服务。医联体的全称为"区域医疗联合体"，是将区域内的医疗资源整合，由该区域内的三级医院牵头，与二级医院、社区医院共同组成一个医疗联合体。包括老人在内的社区居民可以通过签约在医联体内就医。如浙江医院作为浙江省老年病诊治的龙头医院，牵头多家医院和养老机构组建了"浙江省老年病专科联盟+浙江医院高水平医疗联合体"，覆盖浙江省所有区域，合计床位 13000 余张，为 1000 万名老年人建立由"急、难、疑"诊治到慢性病管理，再到康复、医养护一体化服务的架构体系。[②] 山东省立第三医院联合 20 多家医院、社区卫生服务机构建立了医联体，依托医联体集团化平台，为有需求的老人提供健康档案、健康评估、照护计划、上门问诊、健康监测、系统统计等多种医疗和保健服务，满足了老年人居家养老"老有所养、病有所医"的基本要求。

三是"养中有医"型。依托"互联网+健康服务"技术，在原有的养老机构内开展医养结合服务。北京市朝阳区孙河地区探索"智慧+居家"养老模式，依托大数据推动居家养老方式变革，搭建智慧康养服务云平台。血压仪、智能床垫等设备自动测量老人健康参数，实时监测预警。南京市雨花台区是国家重要的软件产业和信息产业基地，2021 年获批智慧健康养老示范基地，智慧化、信息化基础良好。近年来，该区不断丰富产品供给，推出"小太医"智能手表、床前红外线感应灯、

---

① 《居民有"医"靠！中移互联网推出 5G 快签家庭医生线上签约服务》，https://www.sohu.com/a/683516916_120948575，最后访问日期：2024 年 7 月 16 日。

② 《【简讯】新添 16 家新成员 浙江医院高水平医联体覆盖率再扩大》，https://mp.weix-in.qq.com/s/CSlHQb4Sg2ZFmDwTpTdxWQ，最后访问日期：2024 年 7 月 16 日。

适老化换鞋凳、智能药盒等一系列"养老法宝"，还为老人提供智能护理床、人体感应探测器、防走失胸卡等辅助产品和智能设备，打造适老化改造综合服务平台。雨花台区西善桥街道西善花苑社区综合养老服务中心建有"健康小屋"，其中的中医体质自助辨识系统免费为老人提供心电图、血糖、总胆固醇、尿酸、血压、血氧、脂肪率等检测，根据身体各项数据，生成个人健康档案。这些数据被及时上传至区级智慧养老服务和监管平台，实现老人线上健康管理"一人一档"，并据此提供个性化养老服务。

四是"医养相邻"型。通过智慧信息平台，医院或者社区卫生服务中心与邻近的养老院（社区综合养老服务中心）联合开展医养结合服务。南京市江宁区同样入围 2021 年智慧健康养老示范基地，江宁汤山集镇街道居家养老服务中心和社区卫生服务中心在一幢楼上，老人来到街道居家养老服务中心"刷脸"签到后，系统会弹出社区文化、助餐用餐、日间照料等多个服务项目。选择"社区文化"后，老人就可以到社区卫生服务中心诊疗室，由工作人员为其测量血压、血糖、心率，相关数据会同步上传到"互联网+养老院"智慧平台，平台对数据进行全面分析，据此分配养老资源，为老人提供更为精细化的服务，提升了为老服务的水平。

第三节　智慧养老服务模式存在的问题

一　智慧养老还未真正实现"智慧化"

一是由于物联网、大数据、云计算等相关技术还处于起步阶段，智慧养老服务模式的相关技术尚未完全成熟，仍然存在许多技术障碍，信息技术的优势也未得到充分发挥。二是大部分智慧养老企业都是中小型创新创业企业，财力物力有限，难以投入大量资金进行深入的科技研发，导致养老智能设备价格偏高、推广效果不佳，养老行业智能化程度较低，主要表现为信息平台的信息化智能化水平不高。目前山东各个地市几乎都有12349居家养老信息服务平台，并设置了诸如智能手机、智能腕表、智能手环、智能家居等智能终端，这是智慧养老最重要的基础和最明显的呈现方式。但是，大部分智能设备仅仅是作为多元的信息入口，用来对养老信息进行收集和简单的统计，而在信息和数据的应用、整合和处理等方面，还无法实现数据信息的充分采集、有效分析、整合处理以及开放共享，离实现供需精准匹配以及提供个性化服务的"智慧化"还有很远距离。三是由于物联网、信息安全等技术上的限制，用于养老的智能终端还达不到要求，有些终端检测存在一定误差，遇到网络不好时甚至还会出现信息无法更新和传输的情况，所以不能很好地发挥作用。四是从服务方式来看，目前所谓的"智慧养老服务"还停留在"线上接单、线下上门服务、电话回访"的水平上，仍以人工操作、线下服务为主。

二　智慧养老服务无法充分满足老年群体的需求

首先，从技术层面来看，目前养老市场中的产品分为穿戴设备、智能手持设备、可触摸式产品、固定非接触式产品，其种类及样式可谓五花八门。智慧养老产品和服务看起来琳琅满目，但实际应用过程中，常常面临着接受度不高、不会用、不实用的问题，这些产品功能繁复、更新迭代速度快，老年人对其的认知度、学习以及应用能力偏低，在使用时存在严重的"科技鸿沟"（陈为智等，2018）。尤其是失能、失智、独居、孤寡老人，无法独自熟练使用智慧养老产品，从而丧失使用信心，甚至产生抵触心理。南京市雨花台区赛虹桥街道曾定制一款名为"小太医"的智能手表，能实时监测血压、血氧、心率，具有轨迹管理、一键呼叫、吃药提醒等功能，免费提供给高龄慢性病患者。但有老人抱怨，手表很多功能无法正常使用。

其次，智慧养老服务由于技术含量高和服务要求高，收费也较高，我国老年人受收入水平的限制与勤俭节约消费理念的影响，对昂贵的高端智慧养老服务及产品接受程度较低，久而久之不利于智慧养老产业的平稳运行（刘霞，2018）。如智能床垫，价格在3万~4万元，导致入住智慧养老机构的门槛过高。以烟台某智慧养老机构为例，人均月缴费6000元，许多老人虽然有意于智慧养老模式，但会因服务费用高而继续选择传统的养老模式。

再次，从服务内容看，智慧养老服务包括智慧助老、智慧孝老、智慧用老三个方面，既有物质层面的服务，也有精神层面的服务。但从一些养老机构所提供的养老服务项目来看，服务仍然集中在健康监测、助餐、助浴、健康管理、家政等基本的生存和生理需求方面，忽视了老年人的人际交往、情感交流、文化娱乐以及知识再教育、价值再创造等精神需求。

最后，从服务覆盖面看，目前享受到智慧养老服务的仅是国家三部委试点区域的老人，甚至仅是这些区域老人中的部分老人，如济南市历下区某街道四五万名老人中，免费得到智能腕表的仅是享受政府购买服务的1300多名老人和75岁以上的高龄老人。

三　参与主体之间难以形成有效的整体协调机制

智慧养老不同于传统的养老，智慧养老涉及政府、平台运营商、医院、家庭等多个参与主体，如果一个环节没有打通，则无法形成有效的联动机制。目前我国智慧健康养老产业主要依靠政府购买，政府部门既是智慧健康养老产业发展资金的主要投入者，也是政策的制定者和智慧养老服务的推动者，但政府在智慧养老政策和服务管理方面仍处于探索阶段。

从政策方面来看，自2017年起，政府虽然先后出台了不少相关政策文件，如《智慧健康养老产业发展行动计划（2017—2020年）》《数字化助力消费品工业"三品"行动方案（2022—2025年）》等，但这些文件仅着重于宏观指导，对于如何去实施和推进则没有出台具体细则。山东省目前也仅有济南市历下区出台了关于智慧养老的一些具体规定，而且很不全面，在与企业合作的问题上并没有具体、明确的指导方案，仅有一些补助上的规定；在税收以及一些智慧养老服务产品的合作方面，也缺少明确的政策支持（张博，2019）。

从具体的服务管理来看，对于智慧养老这样一个复杂的系统工程，从中央到地方都还没有确定统一的管理和服务标准。据笔者在济南等地的调研，许多平台运营商的信息不完善，各部门之间的信息沟通机制也存在诸多不完善的地方，社会投资方在合作、与政府互动等方面都处于初级的摸索和磨合阶段等。总之，由于智慧养老政策和标准的不到位，各主体之间缺乏行之有效的协调与沟通机制，智慧养老信息难以实现共享，制约了智慧养老服务的发展。

四　智慧养老服务高素质专业人才缺乏

一是智慧养老行业人才缺口大。根据民政部2023年数据，我国有养老护理专员约50万人，其中受过专业训练者仅有10万人，持有职业资格证书者只有4万人，需求却高达600万人（张婷，2022），差距显而易见，远远不能满足养老产业发展的需要。2019年，民政部印发《关于进一步扩大养老服务供给 促进养老服务消费的实施意见》（民发〔2019〕88号），提出3年内培养200万名养老护理专员的人才提升计划，从侧面反映了我国养老服务人才队伍建设的紧迫性（郑嘉意，2023）。

二是服务人员专业素养不高。智慧养老设备本质上只是智慧养老服务中的辅助器具，熟练掌握智慧养老设备的专业人员才是智慧养老服务的中坚力量。智慧养老设备多是为监测老年人身体健康状况而研发的，需要定时、多次收集并分析老年人的生命体征数据，需要系统学习过医学基础知识且具有智慧养老设备使用能力的专业护理人员，有针对性地为具有不同护理需求的老年人提供高效、高精度的养老服务（潘旦，2020）。此外，智慧养老产业集合了信息、医疗、金融、教育等多个领域，必然需要大批产品设计人员以及医护、营养、康复、心理咨询等方面的专业服务和管理人员，以保证智慧养老产品和养老服务的高质量。但由于养老服务产业准入门槛低，仅有部分从业人员拥有老年服务与管理专业专科学历，绝大多数是没有受过专业培训的中老年人，专业素质、学习能力以及设备操控能力偏低，无法充分发挥智慧养老设备功效，最终影响智慧养老服务效果，成为智慧养老产业进一步发展的瓶颈。

第四节　智慧养老服务提质增效的路径

一　建立健全智慧养老制度体系

完善规范的制度体系是智慧养老产业平稳发展的重要保障，因此政府应建立健全智慧养老制度体系，积极推动智慧养老这一普惠民生项目不断发展壮大。

首先，规范智慧养老产业。对智慧养老产业进行统一的法律规范，为智慧养老的发展提供法律保障；严格审核智慧养老企业的相关资质，推进"准入制度"的建立和完善，从源头保证服务供应商的质量；建立智能养老服务监督、评价机制，对服务供应商、服务人员等进行绩效考核，以保证服务的质量和水平。

其次，建立健全智慧养老服务国家标准。智慧养老产品的研发、生产和运营都需要一系列的国家标准，明确产业运行标准及实施细则才能有效监督管理智慧养老服务体系供给质量（王晓慧、向运华，2019）。

最后，推动信息标准化体系建设。信息标准化是智慧养老产业发展的基石，建立统一规范的信息平台，有助于打破各涉老部门壁垒，挖掘、整合各类养老数据，实现数据互联互通互享。政府部门可以从省级层面出发，统筹建立跨区域、高层级的老年人动态信息数据库，利用信息技术做出精准分析，加快推进养老服务与互联网的深度融合、创新发展。

二 充分关注老年群体养老需求

智慧养老的本质是现代科技与人文关怀的结合，智慧养老可以精准满足老年人的个性化服务需求，利用科技帮助老年人获得美好的晚年生活体验。

首先，在智慧养老产品研发上，高科技企业要践行养老使命担当，在养老服务领域潜心进行智慧养老软硬件设备的研发，并带动整个行业开展科技创新，针对老人的需求设计便于老人操作、安全可靠的智能终端产品。

其次，要引导老年人树立互联网思维，帮助老年人跨越"数字鸿沟"。积极开展面向老年人的互联网教育培训活动，从源头上提升老年人的技术接受能力，让老年人真正从智慧养老服务体系中获益，共享互联网时代的发展成果，更好地适应并融入数字化社会，共享数字化发展便利。

最后，在满足老年人基本的养老服务需求的基础上，还可以鼓励社会上的各种社团、公益组织等第三方主体进驻信息平台，在线上和线下开展精彩有趣的老年人活动，丰富老年人的精神文化生活。

三 加快建设智慧养老服务专业人才队伍

人才队伍是智慧养老服务快速发展的基础，人才素质与服务质量直接相关，也与老年人的切身利益密切相关。智慧养老服务专业人才主要包含两大类：一是智慧养老服务与管理人员，二是智慧养老产品设计的技术人才和智慧养老政策的研究人员。因此，要有针对性地培养智慧养老所需的人才。

首先，政府层面，积极探索和出台智慧养老服务人才相关政策、法律法规，为智慧养老服务发展创造人才支持环境，同时完善高校设置相关专业的激励机制，推动高校加快智慧养老服务人才培养步伐，培养一批具有养老服务相关知识且具备数据处理能力的复合型人才。

其次，高校层面，创新人才培养模式，一方面加强校企合作，进行订单式人才培养；另一方面采用院校合作的方式对学生进行联合培养，利用不同院校的优势对人才进行跨学科、跨领域的培养。

最后，企业层面，完善养老服务人员培训体系，帮助养老服务人员不断提升职业素养和专业技能，改善公众对养老服务人员的刻板印象，以吸引更多高素质、高质量人才进入养老服务领域；提高基层养老服务人员的薪资水平，健全考核和奖惩机制，对表现优秀的、专业素养高的工作人员进行精神和物质激励，采取市场化的手段留住人才。

四 创新智慧养老服务模式

智慧养老服务模式是指利用先进的信息技术和智能化设备，为老年人提供更加便捷、高效的养老服务和生活支持的模式。结合老年人需要和时代发展创新智慧养老服务模式能有针对性地提升服务的质量和水平。

首先，智慧养老与智慧社区相融合。社区是人们赖以生存的场所，在熟悉的社区和家中养老是绝大多数老年人的首选。智慧养老与智慧社区的融合就是以社区为中心，通过线上线下连接各服务机构和社区居家老人，并提供各种服务的社区智慧养老，不但能够整合多种资源，还能形成完整的智慧养老服务体系，完善居家养老、紧急救助、走失定位等多项服务功能，为老人提供一个生活服务更便捷，环境更美好，智能、人文、宜居的现代化创新型智慧社区生活圈。

其次，智慧养老与智慧城市相融合。智慧城市是将现代信息技术与城市的各个部件相融合，引入"城市大脑"等理念，实现城市的精细化和动态化管理，提升市民尤其是老年人的生活品质。智慧养老与智慧城市相融合需要深入了解老年人的养老需求，以智慧城市为辅助手段，将智慧养老作为重大民生工程，真正体现出智慧城市建设要最终惠民的宗旨。

最后，智慧养老与智慧医疗相融合。智慧医疗是通过打造健康档案区域卫生信息平台，利用最先进的物联网技术，实现患者与医务人员、医疗机构、医疗设备之间的互动，逐步实现医疗信息化。智慧养老与智慧医疗相融合，就是借助大数据技术，跟踪老年人的体征变化，记录老年人的日常起居行为，为老年人打造细致全面的"健康档案"，并与医疗机构深入合作，配备线上家庭医生，使老年人足不出户就能享受高质量的医疗服务。

第七章　智慧养老服务：技术专利发展及大数据分析

随着新技术的发展，特别是智能技术的发展，20 世纪末以来智能技术开始逐渐融入养老场景，经过 20 多年的发展，智慧养老已经拉开了序幕，并成为养老领域改革和发展的新方向和新方案。从我国养老政策和养老实践来看，智慧养老的实践发端于 21 世纪最初十年中期（王欢，2008）。2012 年，全国老龄办提出了"智能化养老"的理念，并鼓励支持开展智慧养老实践实验项目；2014 年，民政部办公厅发布了《关于开展国家智能养老物联网应用示范工程的通知》；2014 年、2015 年，华龄智能养老产业发展中心等机构编制了《全国智能化养老实验基地规划建设基本要求》《全国智能化养老实验基地智能化系统技术导则》等；2015 年，国务院印发《关于积极推进"互联网+"行动的指导意见》，积极促进智慧健康养老产业发展；2017 年，国务院发布《"十三五"国家老龄事业发展和养老体系建设规划》；2017 年，工业和信息化部、民政部、国家卫生计生委联合发布《智慧健康养老产业发展行动计划（2017—2020 年）》；2019 年、2020 年，国务院办公厅印发《关于推进养老服务发展的意见》《关于切实解决老年人运用智能技术困难的实施方案》等文件；2021 年，工业和信息化部、民政部、国家卫生健康委等三部门联合发布《智慧健康养老产业发展行动计划（2021—2025 年）》。

从国家政策导向来看，养老方面的制度、管理和技术均开始向智慧靠拢。在此背景下，智慧养老也成为学界和实务界的焦点和热点话题。智慧养老的核心是技术，智慧养老技术的一个主要体现是专利技术，由此从专利技术的角度深入分析是智慧养老研究的重要路径。

第一节　专利视角下智慧养老的模式与技术

一　智慧养老的兴起

（一）智慧养老的概念

"智慧养老"有时又被称为"智能养老"，发端于 20 世纪 90 年代末，随着电子技术、通信技术、计算机技术、网络技术等智能技术的发展而出现，较早的形式是为养老而设计的智能家居（Demiris et al.，2004）、智能机器人（Roy et al.，2000）等。20 世纪 90 年代，智能家居（smart home）是指利用智能时控、智能温控、智能门窗、智能灯光、智能声控、智能电器等智能设备来装置住宅，使人的聚居环境更舒适，这些智能设备逐渐应用到老年人关照领域，促生了智能家居养老（Lê et al.，2012）。

智慧养老这一概念最早由英国生命信托基金会提出，当时的名称为"全智能化老年系统"，即老人在日常生活中可以不受时间和地理环境的限制，在自己家中过上高质量的生活，又称"智能居家养老"（左美云，2018）。在我国，智慧养老的研究和实践出现于 21 世纪最初十年中期。通过中国知网检索发现，较早关于智能养老的文献出现于 2008 年，较早关于智慧养老的文献出现于 2010 年，主要是对智慧养老的介绍性文献。

对于智慧养老，不同的学者提出了不同的定义。如左美云（2018）认为，智慧养老是指利用信息技术等现代科学技术（如互联网、社交网、物联网、移动计算等），围绕老人的生活起居、安全保障、医疗卫生、保健康复、娱乐休闲、学习分享等方面支持老年人的生活服务和管理，对涉老信息进行自动监测、预警甚至主动处置，实现这些技术与老年人的友好、自主式、个性化智能交互，一方面提升老年人的生活质量，另一方面利用好老年人的经验智慧，使智慧科技和智慧老人相得益彰，目的是使老年人过得更幸福、更有尊严、更有价值。另有学者认为，智慧养老是运用计算机网络、物联网等现代科学技术，通过各类传感器，结合传统家庭、社区、机构养老等养老方式，将各方紧密联系起来，满足老人的物质与精神需求，致力于为老年人打造更加健康舒适、安全便捷环境的新型现代养老模式（白玫、朱庆华，2016）。也有学者认为，智慧养老是利用现代信息通信技术连接各种服务系统，向社会提供养老服务的一种新型养老模式（魏蒙，2021）。还有学者提出，智慧养老是利用多元化的信息技术，将老年人、家庭成员、社区、医疗机构、医护人员，甚至政府相关机构等紧密联系起来，使老年人的日常生活处于远程监控状态，高效响应老年人的多元化、差异化需求，以实现老年人的身体健康和生活便利（陈友华、邵文君，2021）。中国通信工业协会于 2018 年编制的《智慧养老云平台应用系统 总体技术要求》（标准编号：T/CA 005—2018），将智慧养老定义为：基于网络信息化技术，通过互联网、云平台、大数据、移动互联网与养老行业相结合，优化政府管理服务，为用户提供实时、快捷、高效、低成本的物联化、互联化、智能化的养老服务。

综合而言，智慧养老在当代科技发展的背景下，是指利用现代智能技术，如互联网、物联网、人工智能、大数据、云计算、电子通信技术、自动化技术、虚拟现实技术、基因技术、人机交互技术等，一方面最大限度地增强老年人的自理、自立能力以及提升养老管理和服务的自动性和效率，另一方面最大限度地降低老年人管理和服务的劳动成本及其他成本，最终为老年人的行为和生活提供更安全、舒适和便利的条件和环境，使老年人能够安享晚年。

（二）智慧养老模式

对于智慧养老模式的概念，当前很少有研究者对其进行注解，但是智慧养老模式在智慧养老领域是一个重要概念。智慧养老模式可以从两个层面理解：第一个层面是作为众多养老模式中的一种，智慧养老模式即利用现代智能技术赋能养老管理和服务的所有方式，这是最广义的智慧养老模式；第二个层面是养老中采用具体的智能技术形成一套标准化或者体系化的养老方式方法等，如智慧养老系统或平台、智慧养老家居、智慧养老监测、智慧养老评估等。

智慧养老模式因为其体系或标准不同，有不同的分类。有学者从具体智慧服务方式着手进行分类，如依服务主体和服务对象的对接情形将智慧养老服务分为四类模式：DMP（需求者—中介—提供者）模式、DtoP（需求者—提供者）模式、PtoD（提供者—需求者中介）模式、OtoO（线上—线下）模式（吴玉霞、沃宁璐，2016）。有学者根据传统的养老模式，将智慧养老分为智慧居家养老、智慧医疗养老、智慧机构养老、智慧城市养老等（张雷、韩永乐，2017）。还有学者从宏观的智慧养老体系和系统角度来分类，构建多元联合互动的智慧养老模式。如陈松林等（2021）提出的全景式智慧养老模式，集成社区养老、居家养老、嵌入式和家庭养护院四种养老方式。其中，嵌入式指的是为让老人实现就近养老，以社区为载体，在社区内部嵌入小型养老院。家庭养护院是在老人家中进行适老化改造和智慧化改造，安装方便老人生活的居家产品等。智慧养老服务中心利用互联网、物联网、云计算等先进技术手段和智慧养老产品，将养老所需要的各种要素资源进行合理组织和科学配置，老人既可以享受居家上门服务，又能够选择在社区养老活动中心或小型养老机构享受养老服务，满足老人多元化、个性化的养老需求。童峰（2021）提出了多系统互动智慧养老服务模型，该模型覆盖医疗、照料、精神慰藉等多个功能及社区、居家等多个场景。

综合而言，智慧养老模式依据不同的标准可以有不同的分类，实践中智能技术接入养老的途径众多，因此会形成各种各样的模式。一种能够全面、系统厘清智慧养老的较好的分类方式是从智慧养老的宏观层面与养老管理、服务功能综合体系的角度进行分类，将智慧养老分为宏观智慧养老模式和微观智慧养老模式。

1. 宏观智慧养老模式

宏观智慧养老模式是指能够覆盖多功能、多场景（养老场所）的较全面的养老模式。最宏观的智慧养老模式是政府管理养老的智慧模式，如国家智慧养老管理系统、融入智慧城市的养老管理系统等。其次是容纳各种养老场景，通过智能技术联结居家养老、社区养老、机构养老、医疗养老、物业养老、家政养老、旅游养老、抱团养老等养老方式中的两种或多种，形成的智慧复合养老服务模式。再次是智能技术融入居家养老、社区养老、机构养老、医疗养老、物业养老、家政养老、旅游养老、抱团养老等养老方式中的一种，形成的智慧养老模式，如智慧居家养老、智慧社区养老、智慧机构养老、智慧医疗养老、智慧物业养老、智慧家政养老、智慧旅游养老、智慧抱团养老等。宏观的智慧养老模式还包含实现多种养老功能的养老模式，如集医疗、照料、家政、慰藉、娱乐等多种功能于一体的养老模式。

智慧居家养老，是通过居家养老空间和设备改造，使其具有智能互联的性质，从而提高居家养老的效率。如老年人和子女的远程可视化监测和互动系统、智能房间系统以及居家和社区、机构、物业、医疗机构网络的互联系统。智慧社区养老，通过建立社区养老服务互联平台，将各个原先很难联合的养老环节，通过智能互联进行远程可视化连接。社区养老通过互联网系统与居家养老、物业养老、医养对接互联。智慧机构养老，机构通过建立综合网络平台，实现养老各服务环节和设备设施的智能化，提高服务的效率，节省人工成本，同时与智慧居家养老、智慧社区养老、智慧医疗养老、智慧物业养老进行对接互联。智慧医疗养老，建立智慧医疗养老与智慧居家养老、智慧社区养老、智慧机构养老、智慧物业养老的医疗网络互联平台，实现养老服务的医疗一体化。智慧物业养老，物业通过建立养老服务综合网络平台，实现养老各服务环节和设备设施智能化。

2. 微观智慧养老模式

微观智慧养老模式是指在宏观养老模式下的智慧养老模块，涉及养老管理和服务某一内容或功能的体系化或标准化，如监测报警系统、养老评估系统、智能房间模式、智能设备系统等。从养老领域技术和产品的软件和硬件的角度进行分类，微观智慧养老模式分为智慧养老软件模式和智慧养老硬件模式。智慧养老软件模式是指智慧养老网络、系统等，如智慧养老监测、定位、报警系统，智慧养老信息采集系统，智慧养老评估分析系统，智慧医养系统，智慧养老物联网系统等。智慧养老硬件模式是指智慧养老设备、设施等，如智能建筑、智能照明、智能温控、智能房间、智能门窗、智能烟感、智能床椅、智能呼叫、智能报警、智能厨房、智能卫浴、智能学习、智能娱乐、智能互动、智能保健、智能医疗等。

二　现有专利体现的智慧养老模式

借助 incoPat 全球专利检索系统，通过"养老"、"老年人"、"模式"及与之相近的关键词进行检索①，形成与养老模式相关专利数据群。根据该数据群以及 IPC 国际专利分类标准，来考察专利所体现的养老模式。通过对检索到的专利数据群进行分析，申请数量位列前十的专利技术分支分别为 G08B、G06Q、A61B、G06F、H04M、H04L、H04N、A61G、H04W、G61H（见图 7-1 与表 7-1）。专利申请的数量多意味着该领域技术创新的热度较高，从侧面反映了养老行业在该领域的技术需求较大。

---

① 通过 incoPat 全球专利检索系统，以"老人 or 老年人 or 养老 or 长者 or elderly care or senior care or aged care or older person or older people or elderly people or elderly person or old man"并列"系统 or 模式 or 平台 or system or style or platform"等关键词组合，共检索到 18113 件专利。检索时间为 2021 年 10 月 25 日。需要说明的是，专利文献中很多使用了"智慧"等词语。

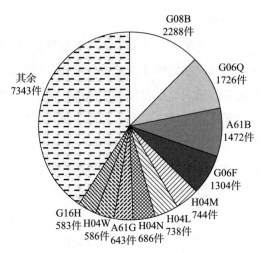

图 7-1　智慧养老模式各专利技术分支创新热度

表 7-1　涉及智慧养老模式的前十位专利技术的 IPC 分类

G08B（信号装置或呼叫装置；指令发信装置；报警装置），具体为报警系统、测试监控、信号系统等

G06Q（专门适用于行政、商业、金融、管理、监督或预测目的的数据处理系统或方法；其他类目不包含的专门适用于行政、商业、金融、管理、监督或预测目的的处理系统或方法）

A61B［诊断；外科；鉴定（分析生物材料入 G01N，如 G01N33/48）］，具体包含用于外科或诊断的其他仪器、器械或附件；诊断；心理-身体参数、血压、心律等监测仪器

G06F［电数字数据处理（基于特定计算模型的计算机系统入 G06N）］

H04M［电话通信（通过电话电缆控制其他设备，但不包括电话交换设备的电路入 G08）］

H04L［数字信息的传输，例如电报通信（电报和电话通信的公用设备入 H04M）］，包括传输以数字形式提供的信号，并且包括数据传输、电报通信以及监控的方法和设备

H04N（图像通信，如电视），近距离或远距离的图像传输，及它们永久性或非永久性的重现

A61G［专门适用于病人或残疾人的运输工具、专用运输工具或起居设施（辅助病人或残疾人步行的器具入 A61H3/00）；手术台或手术椅子；牙科椅子；丧葬用具］

H04W［无线通信网络（2009.01）］，在期望数量的用户之间或在用户与网络设备之间选择性地建立一个或多个无线通信链路以便经由这些通信链路传输信息的通信网络；配置了用于与之连接的无线用户移动性管理的基础设施的网络

G16H［医疗保健信息学，即专门用于处置或处理医疗或健康数据的信息和通信技术（ICT）］，包括计算机、药物或医疗保健科学的信息或通信技术的交叉方向，其中重点明确放在特别适用于药物或医疗保健科学的数字计算或数据处理系统和方法上

　　从当前专利技术来看，宏观智慧养老模式主要由商业方法专利支

撑，并保持了较高的技术创新热度。该类技术主要是养老管理和服务的互联网、局域网系统和平台构建与运行方面的技术。其中，最多的是养老机构养老管理和服务的运行系统，另有部分社区养老系统、居家养老系统及医疗养老系统，而多元复合养老管理和服务系统、物业养老系统、家政养老系统较少。

除了商业方法专利技术外，其他前十位的专利技术分支主要体现为微观智慧养老模式。信号装置或呼叫装置、指令发信装置、报警装置主要支持微观智慧养老模式中的信号、监测、定位、报警等功能模块。诊断、外科、鉴定装置及方法主要支撑老年人身体和心理监测功能模块。电数字数据处理装置及方法对应微观智慧养老模式中养老数据的采集、处置功能模块。电话通信装置及系统和数字信息传输装置及系统支撑微观智慧养老模式中的信息传输功能模块。图像通信装置及系统主要支持微观智慧养老模式中实时场景监控功能模块。专门适用于病人或残疾人的运输工具、专用运输工具或起居设施等对应增强老年人自理能力的功能模块，如智能轮椅、智能床等。无线通信网络主要支持微观智慧养老系统中的物联网和局域网功能模块。医疗保健信息系统或方法主要是为了实现老年人医疗健康信息收集、处理功能。综合而言，热点技术主要集中于微观智慧养老模式中的老年人监控、报警功能模块，身体和心理监测功能模块，数据处理功能模块，身体和生活自理辅助功能模块等，而智能建筑和智能房间（智能厨房、智能卫浴、智能橱柜、智能温控、智能监控等）等方面的专利较少。

三　现有专利体现的智慧养老技术

借助 incoPat 全球专利检索系统，通过"养老"、"老年人"、"智慧"、"智能"及与之相近的关键词进行检索[1]，形成与智慧养老领域相

---

[1]　通过 incoPat 全球专利检索系统，以"老人 or 老年人 or 养老 or 长者 or elderly care or senior care or aged care or older person or older people or elderly people or elderly person or old man"并列"系统 or 模式 or 平台 or 智能 or 智慧 or smart or intelligent or wisdom or intelligence or wit or intellect or system or style or platform"等关键词组合，共检索到 21432 件专利。检索时间为 2021 年 10 月 25 日。

关的专利数据群。根据该数据群以及 IPC 国际专利分类标准，来考察专利所体现的智慧养老。通过对检索到的专利数据群进行分析，申请数量位列前十的专利技术分支与前文智慧养老模式的专利技术分支有 9 类相同（仅排位顺序不同），前述第十位的 G16H 被 A61H（理疗装置，例如用于寻找或刺激体内反射点的装置；人工呼吸；按摩；用于特殊治疗或保健目的或人体特殊部位的洗浴装置）取代（见图 7-2）。

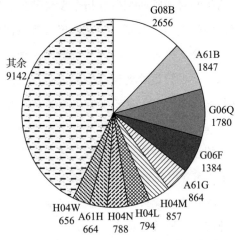

图 7-2　智慧养老各专利技术分支创新热度

第二节　智慧养老技术发展态势的专利分析

一　智慧养老技术专利发展态势

以前文智慧养老领域相关的专利数据群为基础，分别从专利申请量、专利申请趋势、专利技术功效趋势、专利申请人申请趋势等角度对世界智慧养老技术专利发展态势进行分析。

（一）世界智慧养老技术专利申请量

通过检索可知，在世界范围内，智慧养老技术专利在 2010 年之前的申请量整体呈现增长趋势。从 2010 年开始，专利申请量的增长速度加快，仅 2014~2015 年，专利申请量就增加了 500 多件，这种情况一直持续至 2016 年。2016~2020 年，每年专利申请量仍保持在 1500 件以上，但是未见明显增长（见图 7-3）。

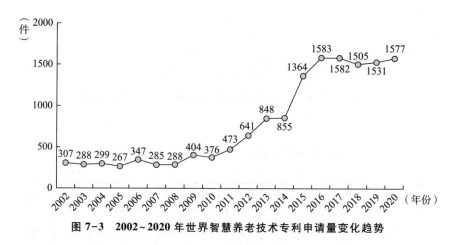

图 7-3　2002~2020 年世界智慧养老技术专利申请量变化趋势

（二）世界智慧养老技术专利申请趋势

通过专利技术的分布情况可以了解专利覆盖的技术类别，以及各技术分支的创新热度。目前，在世界范围内，申请量排名前十位的智慧养老专利技术主要是：G08B、A61B、G06Q、G06F、A61G、H04M、H04L、H04N、A61H、H04W。在这十类技术中，有四类技术来源于电学领域，属于物理学领域和生活必需品领域的技术分别有三类。

图 7-4 为 2002~2020 年上述十类技术的专利申请量变化趋势。其中，G08B、A61B 和 G06Q 在 2010 年之后专利申请量远远领先于其他排名前十位的技术，整体呈现增长的趋势。G06F 和 H04L 的专利申请量于 2015 年开始明显增长，但这种增长状态仅维持至 2017 年，2017 年之后专利申请量大幅减少。A61G 的专利申请量在 2019 年和 2020 年增长明显。除此之外的其他技术的专利申请量整体呈增长趋势，但增长幅度不大（见表 7-2）。

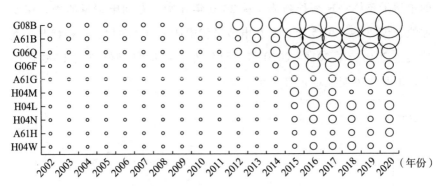

图 7-4　2002~2020 年世界排名前十智慧养老技术专利申请量变化趋势

说明：圆圈越大表明申请量越多。

表 7-2　2010~2020 年世界排名前十智慧养老技术专利申请量

单位：件

类型	2010 年	2011 年	2012 年	2013 年	2014 年	2015 年	2016 年	2017 年	2018 年	2019 年	2020 年
G08B	32	58	100	119	132	251	270	233	246	272	284
A61B	17	41	58	82	91	193	231	199	190	208	216
G06Q	28	34	74	85	105	120	187	207	171	174	156
G06F	30	20	48	45	57	96	141	140	67	77	92
A61G	16	24	22	33	39	57	42	65	65	112	135
H04M	19	38	29	38	34	77	85	66	43	42	43
H04L	18	16	15	34	34	67	117	119	98	78	89
H04N	15	15	22	41	41	58	81	84	77	59	88
A61H	13	29	20	22	28	48	53	52	60	77	93
H04W	12	17	16	24	28	52	77	66	75	68	61

（三）世界智慧养老专利技术功效趋势

技术功效是指技术呈现的功能和效用，专利技术功效可以体现某一领域相关的专利技术在研发过程中解决的技术问题和形成的技术效果。通过观察 2010~2020 年的专利数据发现，智慧养老专利技术功效主要集中于以下方面：便利性提高，复杂性降低，安全性提高，智能化水平提高，健康，自动化水平提高，适合性提高，成本降低，速度提高，及时性提高。首先，自 2012 年开始，关于便利性提高的智慧养老专利申请量呈大幅度增长的趋势，尤其是 2014 年之后，该功效的专利申请数量远高于其他功效。其次，自 2014 年之后，技术功效为复杂性降低、安全性提高、智能化水平提高的专利申请数量也较多。相比较而言，其他技术功效的专利申请量增长速度较为缓慢，甚至出现了在一段时间内逆增长的情况（见图 7-5、表 7-3）。

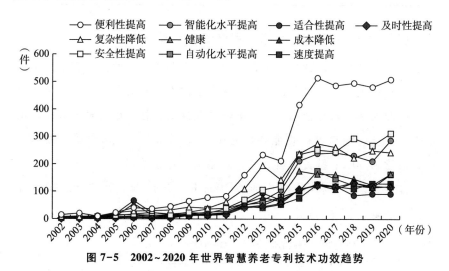

图 7-5　2002~2020 年世界智慧养老专利技术功效趋势

表 7-3　2010~2020 年世界智慧养老专利技术功效

单位：件

功效	2010 年	2011 年	2012 年	2013 年	2014 年	2015 年	2016 年	2017 年	2018 年	2019 年	2020 年
便利性提高	76	81	160	232	208	410	509	480	491	474	503
复杂性降低	38	60	106	191	140	235	271	260	221	247	239
安全性提高	34	38	68	104	118	231	248	242	291	264	309
智能化水平提高	14	23	47	66	101	208	236	238	228	208	281
健康	19	19	39	49	73	173	162	160	145	121	162

续表

功效	2010年	2011年	2012年	2013年	2014年	2015年	2016年	2017年	2018年	2019年	2020年
自动化水平提高	20	25	51	57	79	99	173	146	121	113	161
适合性提高	21	36	55	92	68	100	125	119	84	90	89
成本降低	23	27	55	77	62	105	124	106	130	112	118
速度提高	15	24	43	40	52	74	124	115	110	129	127
及时性提高	13	15	40	43	54	106	120	115	130	117	115

（四）世界智慧养老技术专利申请人申请趋势

2002~2020年，智慧养老技术领域世界专利申请量排名前十的申请人分别是：重庆柚瓣家科技有限公司、余内逊、雀巢公司、三星电子公司、广西大学、日立公司、松下电器产业株式会社、南京林业大学、浙江工业大学、南京孝德智能科技有限公司。其中，公司申请人共有六位，占比为60%；除此之外，三位申请人为中国高校，一位申请人为个人。部分申请人专利申请量分别在2006年、2013年、2017年、2018年大幅增加（见图7-6）。

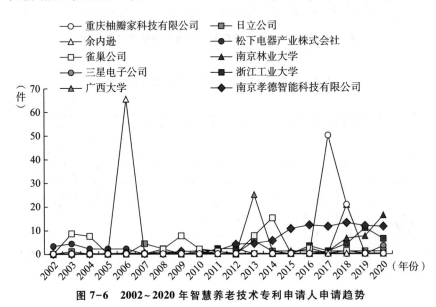

图7-6　2002~2020年智慧养老技术专利申请人申请趋势

二　智慧养老技术专利分析

通过对智慧养老技术的专利申请数据进行分析之后，可以得出以下结论。

（一）专利申请量持续稳定增长

经过近二十年的积累，世界范围内关于智慧养老技术的专利申请量已经多达 20000 余件，并且目前仍以每年 1500 件左右的数量在增长。这表示在智慧养老技术领域，市场规模不断扩大，技术的吸引力凸显，介入的企业增多，技术、产品研发空间较大。专利的增加对推动智慧养老技术的发展起着至关重要的作用，为专利权利人利用专利保护形成专利布局、建立智慧养老技术的专利保护壁垒奠定了基础。

（二）专利涉及技术领域广泛

从专利的技术分布来看，所涉及的产品和技术的类型较为广泛。智慧养老技术专利主要涉及以下技术领域。第一，底层技术，如电数字处理技术、数据处理系统和方法、数字信息传播技术，这些技术的研发对处理智慧养老技术所涉及的基础性和核心性问题必不可少，构成了智慧养老技术进一步发展的基石。第二，在底层技术的基础之上研发的进阶技术，例如电话通信技术、无线通信技术、图像通信技术等，这类进阶技术以底层技术为基础，通过对不同通信对象、媒介和环境等进行适配，使技术的研发更贴近具体的生活、生产场景。第三，专门针对老年人群的产品，例如专门适用于残疾人的运输工具、起居设施、理疗装置等，这些产品可以直接用于解决老年人生活中遇到的实际问题。除此之外，也有部分专利申请人致力于研发能够解决老年人更多问题的产品，诸如陪护类产品、监测类产品以及报警装置等，可以为处于疾病控制阶段的老年人或者已经出现疾病的老年人及时寻求医护帮助提供便利。随着专利申请数量的不断增加，智慧养老涉及的技术及产品领域越来越广泛，推动了针对老年人的智慧服务的发展。

（三）专利功效较为全面

智慧养老技术的专利申请主要集中于以下几个功效。第一，便利性提高和复杂性降低。以便利性提高、复杂性降低为功效的专利分别占据了申请量的第一位和第二位，表示专利申请人在进行技术和产品研发时，最关注的效用为老年人在使用产品时的方便程度，这也是智慧养老类产品与其他智慧产品最为不同的一点。同经常接触智能产品的年轻人不同，老年人在产品功能的学习和实际操作方面都存在一定的障碍，这些障碍一方面受老年人的年龄、文化程度的影响，另一方面也会受到老年人身体情况的限制。因此，专利数据表现出来的功效特征符合老年人对智慧养老技术的本质需求。第二，安全性提高。安全性主要体现在两个方面，一方面是老年人使用智慧养老产品时的安全问题；另一方面是对于出现身体或生活等问题的老年人来说，智慧养老产品能及时地进行反馈甚至给予初步的治疗，以保证老年人的人身安全。第三，智能化水平提高。在确保老年人使用智慧养老产品的便利性及安全性的前提下，产品的智能程度也十分重要。老年人在选购智慧养老产品时，会根据自己的实际情况提出不同的需求，例如产品自动监测的频率、产品自动报警的及时性等，这也是诸多专利申请人关注的应用方向。第四，成本降低。站在不同的利益群体角度，成本降低主要有两层含义，一层是企业的研发成本、生产成本等降低，另一层是老年群体的购买成本降低。对于企业来讲，在实现产品的基本功能的前提下，降低研发和生产成本是增加盈利的途径之一；对于老年群体来讲，受制于收入，大多数老年人在选购产品时产品的价格会成为重要的影响因素。

三 我国智慧养老技术专利分析

（一）我国智慧养老技术发展的成果

借助 incoPat 全球专利检索系统，构建检索式：［TIAB ＝（老人 or 老年人 or 养老 or 长者 or elderly care or senior care or aged care or older person or older people or elderly people or elderly person or old man）］ AND

［PNC=（"CN"）］AND［TIAB=（系统 or 模式 or 平台 or 智能 or 智慧）］。共检索到 9118 件专利，检索日期为 2021 年 10 月 25 日。

1. 专利申请量大

我国智慧养老技术的专利申请量呈现出了同世界智慧养老技术专利申请量一致的趋势。在 2011 年之前，我国智慧养老技术处于萌芽状态，大部分申请人开始研究智慧养老相关的技术，专利申请量虽呈现增加的趋势，但是数量较少。2011 年以后，专利申请量的增长速度加快，2016 年专利申请量达到了 2010 年专利申请量的 8.8 倍。同世界智慧养老技术专利申请量的变化一样，2016 年之后我国的智慧养老技术专利申请量也趋于平稳，但 2020 年我国智慧养老技术专利申请量增幅较大（见图 7-7 和表 7-4）。

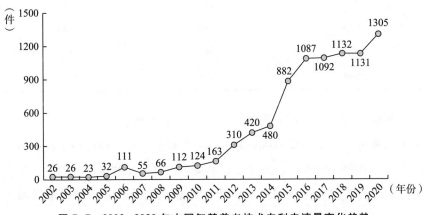

图 7-7 2002~2020 年中国智慧养老技术专利申请量变化趋势

表 7-4 2002~2020 年世界和中国智慧养老技术专利申请量对比

单位：件

年份	世界专利申请数量	中国专利申请数量
2002	307	26
2003	288	26
2004	299	23
2005	267	32
2006	347	111
2007	285	55

年份	世界专利申请数量	中国专利申请数量
2008	288	66
2009	404	112
2010	376	124
2011	473	163
2012	641	310
2013	848	420
2014	855	480
2015	1364	882
2016	1583	1087
2017	1582	1092
2018	1505	1132
2019	1531	1131
2020	1577	1305

2011 年之前，虽然我国也开始出现关于智慧养老技术的专利申请，但申请量比较少，2002~2004 年，我国专利申请量不到世界专利申请量的 10%，2005~2010 年，我国专利申请量占世界专利申请量的比例呈现上升趋势，2010 年，我国专利申请量已经达到了世界专利申请量的约 1/3。此后继续保持增长趋势，2020 年占比超过 80%。

2. 专利涉及领域多

我国专利申请量排名前十的技术方向为 G08B、A61B、G06Q、H04L、G06F、A61G、H04N、G16H、G06K（数据识别；数据表示；记录载体；记录载体的处理）、H04M。其中，G16H 的专利申请量于 2017 年开始大幅度增长（见图 7-8、表 7-5）。

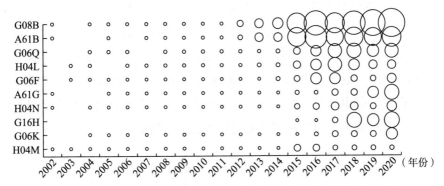

图 7-8 2002~2020 年中国排名前十智慧养老技术专利申请量变化趋势

说明：圆圈越大表明申请量越多。

表 7-5 2010~2020 年中国排名前十智慧养老技术专利申请量

单位：件

类型	2010年	2011年	2012年	2013年	2014年	2015年	2016年	2017年	2018年	2019年	2020年
G08B	10	19	51	71	80	165	194	163	184	209	231
A61B	7	24	37	63	74	152	178	144	147	149	162
G06Q	3	3	17	20	29	56	80	105	118	96	110
H04L	15	12	12	29	29	57	90	107	90	71	75
G06F	11	10	27	18	38	50	89	90	49	47	76
A61G	9	9	9	23	24	34	27	46	54	88	124
H04N	8	8	13	24	22	46	52	64	59	47	82
G16H	0	0	0	0	0	1	11	45	119	96	128
G06K	1	13	10	14	10	22	31	53	49	49	92
H04M	9	17	23	21	18	54	50	41	36	35	36

国内智慧养老专利申请量排名前三的技术类型与世界相同，申请量的变化趋势也大体一致。H04L、G06F、A61G、H04N、H04M 都位列世界和国内专利申请量的前十位，仅是排名次序有所不同。但国内专利申请中 G16H 和 G06K 这两类技术挤进了专利申请量的前十名，而在世界专利申请量排名中，分别是 A61H 和 H04W 位于前列。

3. 中国专利申请人具有排名优势

在智慧养老技术领域世界排名前十位的专利申请人中，有六位申请人来自中国，其中重庆柚瓣家科技有限公司的专利申请量居世界首位（见表7-6）。这表示我国智慧养老技术的起步虽然较其他国家要晚一些，但是部分申请人的技术研发进度较快，并且重视通过专利申请保护自己的技术成果，为我国智慧养老技术的发展储备了力量。

表7-6　世界专利申请人排名

单位：件

申请人	专利数量（申请后公开）
重庆柚瓣家科技有限公司	65
余内逊	60
雀巢公司	51
三星电子公司	51
广西大学	48
日立公司	38
松下电器产业株式会社	36
南京林业大学	33
浙江工业大学	31
南京孝德智能科技有限公司	27

（二）我国智慧养老技术发展存在的不足

1. 专利授权率过低

自2016年开始，我国每年关于智慧养老技术的专利申请量已达到1000件，专利总数量也超过了世界专利总量的1/2，已然成为世界范围内研发智慧养老技术的主要国家之一。但是，专利申请数量增加并不意味着我国专利申请质量也随之提升。在我国申请的9000余件专利中，实际授权的专利仅为3030件，有近2000件专利因未缴年费而失效，1000多件专利被撤回，800多件专利因达不到授权条件被驳回，近2000件专利尚在实质审查中，授权专利仅占我国专利申请总量的1/3（见表7-7）。

表7-7　我国申请专利法律状态

单位：件

法律状态	专利数量
授权	3030
未缴年费	1970
实质审查	1927
撤回	1135
驳回	818
公开	162
避重放弃	34
期限届满	32
放弃	8
全部撤销	1
申请终止	1

注：搜索日期为2021年10月25日。

2. 底层技术专利少

我国智慧养老技术的专利涉及的技术方向比较全面，涉及底层技术中的数据处理、数据识别等技术，进阶技术中的不同类型信息通信技术以及技术适用过程中延伸出来的运输、医疗保健等下游产业技术。我国智慧养老技术的研发起步要晚于其他一些国家，虽然后来居上，但是仍然面临萌芽期间的底层技术已经被他人申请专利的情况（黄鲁成、常兰兰，2016）。例如G06Q，在2010年和2011年，我国关于此技术的专利申请量均为3件，而世界范围内专利申请量分别为28件和34件。此后我国专利申请量虽然快速增长，但是关于此类技术的基础技术早已被申请专利。一方面，该问题会加大我国智慧养老技术应用企业的侵权风险；另一方面，该问题会限制我国专利申请人在获得专利授权后的专利实施，造成技术被动的局面。

3. 高校专利申请人占比过高

2002~2020年，我国智慧养老技术领域专利申请量排名前十的申请人分别是：重庆柚瓣家科技有限公司、余内逊、广西大学、南京林业大学、浙江工业大学、中山大学、南京孝德智能科技有限公司、吉林大学、华南理工大学、南京邮电大学。其中，有 7 位申请人是高校，2 位申请人为公司，另外 1 位申请人为个人（见图 7-9 和表 7-8）。除此之外，高校的专利申请呈现较为稳定的趋势，如南京邮电大学，自 2015 年开始每年都有少量专利申请。

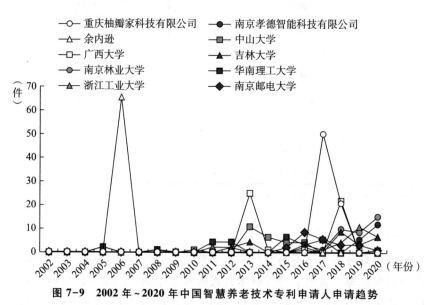

图 7-9　2002 年~2020 年中国智慧养老技术专利申请人申请趋势

表 7-8　中国专利申请人排名

单位：件

申请人	专利数量（申请后公开）
重庆柚瓣家科技有限公司	65
余内逊	60
广西大学	48
南京林业大学	33
浙江工业大学	31
南京孝德智能科技有限公司	27

续表

申请人	专利数量（申请后公开）
中山大学	26
吉林大学	25
华南理工大学	24
南京邮电大学	24

我国智慧养老技术专利申请量排名前十位的专利申请人中，高校申请人占70%，公司申请人仅占20%，而世界专利申请量前十位的专利申请人中，公司申请人占比高达60%，这意味着我国智慧养老技术的研发还处于高校实验阶段，真正适用于工业生产的专利技术较少，大部分企业还处于技术观望阶段，从而导致科学技术成果的转化程度过低。

4. 专利许可量少

专利许可量及其变化趋势反映了不同时期的技术合作、转化、应用和推广的趋势，以及技术的运营和实施热度。虽然我国专利申请量较多，但是作为专利商业价值的评价标准之一的专利许可的数量仅有30件，占我国专利申请量的0.3%（见图7-10）。这一数据意味着我国智慧养老技术的发展状态不活跃，大部分专利技术并未充分发挥其作用。

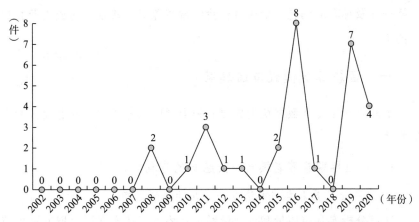

图7-10　2002~2020年中国智慧养老技术专利许可量变化趋势

5. 专利聚合度低

目前，智慧养老技术专利申请量排名前十位的专利申请人的专利申请总量为 366 件，仅占我国专利申请总量的 4%，这表明我国智慧养老技术还处于分散发展的时期，专利申请人的数量较多，但未形成行业带头企业引领技术发展的局面，出现了"技术分散、人员分散、资金分散、专利分散"乃至"产业分散"的状况，难以形成系统化的技术体系和完善的专利布局，制约了我国智慧养老技术的发展。

第三节　智慧养老模式发展态势的专利分析

由于专利授权对新颖性会进行必要审查，相同技术领域的新专利总是在既有专利技术基础上进化，因此分析海量专利的技术内容可以透视相关技术的进化路线，而技术进化路线反映了技术系统发展的阶段和顺序，基于技术进化路线研究技术发展态势是必由之路（楼旭明等，2020）。因此，下面将以专利大数据为基础分析智慧养老模式发展态势。首先分析智慧养老模式发展趋势，其次分析现有专利技术对养老模式的支持程度及存在的问题，最后分析我国智慧养老模式发展的成果及其存在的不足。

一　智慧养老模式发展趋势

下面将基于专利数据从世界层面和中国层面分析智慧养老模式的发展趋势。

（一）世界智慧养老模式发展趋势的专利分析

1. 世界智慧养老专利申请量和公开量持续走高

通过分析专利申请量和公开量增长趋势可以从宏观层面把握世界范围内智慧养老专利技术在各时期的专利布局变化。2002~2012 年，在世界范围内智慧养老专利申请量与公开量均维持在较低水平；2012~2016

年，世界范围内智慧养老专利申请量和公开量呈现井喷态势；2016～
2020 年，世界范围内智慧养老专利申请量和公开量维持在较高水平，
增速变缓（见图 7-11）。

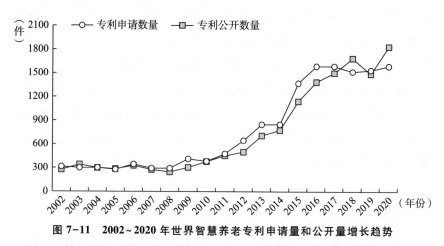

图 7-11　2002～2020 年世界智慧养老专利申请量和公开量增长趋势

2. 世界智慧养老技术专利处于成长期

生命周期分析是专利定量分析中最常用的方法之一。在世界范围内，
2002～2010 年是智慧养老技术领域的萌芽阶段，2011～2020 年是智慧养老
技术领域的成长期，目前该技术领域尚未达到成熟期。世界智慧养老技
术专利生命周期见图 7-12。

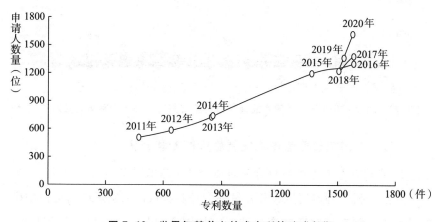

图 7-12　世界智慧养老技术专利快速成长期

3. 世界智慧养老专利不同技术方向申请趋势

2011～2021 年，G08B、A16B、G06Q 三大技术分支，始终是研发热点。2015～2016 年，G06F、H04M 两大技术分支也成为研发热点。2019～2021 年，A61G 的研发热度相比以往有所升高。总的来看，通信技术、大数据平台系统仍然是未来的研发热点。

4. 不同国家或地区或组织智慧养老技术专利申请趋势

图 7-13 展示的是不同国家或地区或组织智慧养老技术专利申请量的增长趋势。自 2010 年始，大部分国家或地区或组织有关智慧养老技术的专利申请量与以前相比有所增加，其中增长最快的是中国，其次是韩国，这从侧面反映了中国对智慧养老技术领域的重视程度是比较高的，可能与中国的通信技术和人工智能技术的飞速发展有关，也与中国所强调的"孝"文化有关。

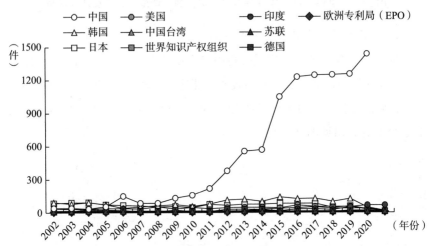

图 7-13　2002～2020 年不同国家或地区或组织智慧养老技术专利申请量增长趋势

（二）中国智慧养老模式发展趋势的专利分析

1. 中国智慧养老专利申请量和公开量的增长趋势

通过分析专利申请量和公开量的增长趋势可以从宏观层面把握中国智慧养老专利在各时期的变化情况。从图 7-14 可知，2002～2011 年，中国有关智慧养老技术的专利申请量与公开量均处于较低水平。2012～

2017 年进入高速发展期，这与中国老龄化的出现有关，也与中国政府出台的各种政策和激励措施相关。2018~2020 年，智慧养老技术领域内的专利申请量和公开量仍然保持较高水平，但是增速放缓，说明中国智慧养老技术进入成长期的末端，下一步应该向成熟期迈进。

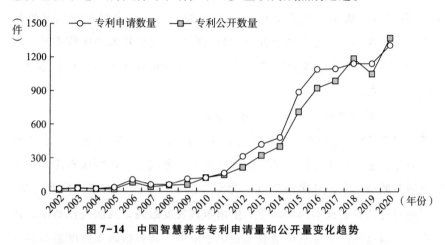

图 7-14　中国智慧养老专利申请量和公开量变化趋势

2. 中国智慧养老技术专利处于快速成长期

图 7 - 15 是中国智慧养老技术专利的快速成长期，由此可知，2011~2020 年，中国智慧养老技术专利处于快速成长期。

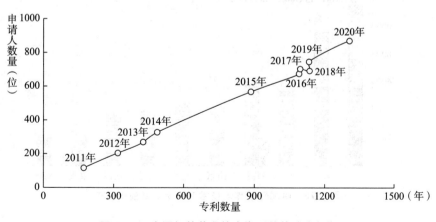

图 7-15　中国智慧养老技术专利的快速成长期

3. 中国智慧养老专利不同技术方向申请趋势

2014~2020 年，G08B、A61B、G06Q 三大技术领域的专利申请量均远高于其他技术领域，说明在这段时间我国重点布局养老通信技术、大数据平台，并且这也是以后的重点技术布局领域。自 2018 年起，G16H 也成为我国智慧养老的重点布局领域，以后也可能成为研发热点，说明我国对于医养结合方面的数据收集、通信技术等比较重视。自 2019 年起，A61G 也成为智慧养老技术领域研发热点之一，但未必会持续作为热点。

4. 智慧养老技术在中国不同省份的分布

图 7-16、表 7-9 展示的是各技术方向在中国不同省份的专利申请量情况，通过对比分析，可以掌握重要技术方向集中在哪些省份。申请量最多的是广东，其次是江苏、北京、浙江、上海、山东。由此可见，广东对智慧养老技术领域的专利申请重视程度最高，其次是江浙京，山东在全国范围内的专利申请数量也位于前列。各省份研发热度最高的五大技术领域为 G08B、A61B、G06Q、H04L、G06F。

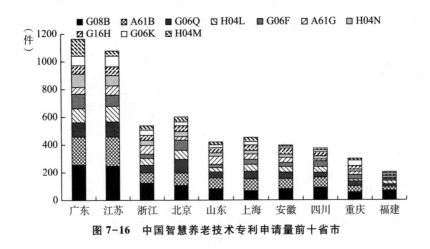

图 7-16　中国智慧养老技术专利申请量前十省市

表 7-9　中国智慧养老技术专利申请量前十省市

单位：件

类型	广东	江苏	浙江	北京	山东	上海	安徽	四川	重庆	福建
G08B	234	227	113	95	74	58	72	83	50	61
A61B	192	198	73	86	75	83	68	68	43	26
G06Q	94	103	47	92	39	48	43	32	32	17
H04L	95	101	47	62	30	49	38	39	11	24
G06F	100	78	30	68	24	34	30	40	32	11
A61G	44	63	56	22	54	35	29	10	21	5
H04N	91	69	35	34	22	25	27	23	15	15
G16H	57	58	33	37	33	36	40	27	25	9
G06K	62	73	38	28	21	22	10	12	35	9
H04M	113	34	26	32	17	27	10	12	12	9

二　现有专利技术对养老模式的支持程度及存在的问题

通过专利分析可知，现有智慧养老技术在世界和中国层面上专利申请量排名前三位的技术分支一致，分别为 G08B、A61B、G06Q。具体到实践应用上，分别对应着通信技术、医疗系统或设备、数据处理平台。另外，G06F 分类号下所属技术分支对应的专利申请量分别居世界第四位、中国第五位，在实践中其对应着大数据处理技术。

从宏观来讲，上述热点技术分支是宏观智慧养老模式必不可少的构成部分，从微观来讲，上述热点技术分支是当前微观智慧养老模式的具体表现形式。具体来说，可以从智慧居家养老、智慧社区养老、智慧机构养老三种主要的智慧养老模式层面分析现有技术对养老模式的支持程度。

（一）现有专利技术对智慧居家养老模式的支持程度

智慧居家养老服务是智慧养老在居家养老领域的具体运用，是由政府、智能养老产品与服务的提供者、相关医疗机构以及家庭等多种主体，通过对物联网、互联网等现代信息技术的综合运用，对居家养老老年人提供基于数据采集、分析、处理的安全监控、健康医疗和生活便利服务的创新型养老手段和方式（单忠献，2016）。通过前述定义可知，现有专利技术对智慧居家养老模式的支持主要体现在互联网平台搭建、老年人大数据收集和分析、数据平台技术支持和日常疾病监测上。鉴于居家养老的老年人大多是自己在家养老，现有专利技术在转变成应用技术时，更要侧重技术的适老性，但是通过简单的专利申请量等无法透视目前智慧养老技术是否侧重适老性的开发。

（二）现有专利技术对智慧社区养老模式的支持程度

智慧社区养老模式是以养老服务为核心，将现有的相关资源进行紧密有效地结合，利用"互联网+智慧养老"，搭建综合的养老信息平台，在不脱离老人熟悉的社会环境下，提供专业性与针对性的养老服务，其与居家养老的不同在于养老信息平台的提供者往往是养老科技企业，并结合可穿戴智能设备采集老年人信息等。现有专利技术对智慧社区养老模式的支持主要体现在综合信息平台的搭建、智能可穿戴设备与综合信息平台的对接等方面。随着互联网、物联网的快速发展，综合信息平台和智能可穿戴设备的技术不仅仅在智慧养老领域得以广泛应用，实际上在非智慧养老领域早就有了长足的发展。但是，现有专利技术在智慧社区养老模式中的应用也有非常明显的短板：不同社区、不同养老服务信息平台采用的技术方案不同，造成全国不同社区老年人养老信息的"各自为政"，无法真正实现全国老年人的养老信息大数据对接和统计。

（三）现有专利技术对智慧机构养老模式的支持程度

智慧机构养老模式与前两种养老模式的不同在于，其所依托的现有专利技术搭建的智能养老信息服务平台是在机构内部闭环运行的，并且必须和机构内部使用的智能产品、设备互联。现有专利技术对智慧机构养老模式的支持主要是：综合信息平台的搭建以及闭环通信技术、智能呼叫设备、便携式医护设备等的研发。

（四）现有专利技术对智慧养老模式支持中存在的问题

通过上述分析可知，现有专利技术对智慧养老模式的支持主要有以下几个层面：信息服务平台搭建、智能养老产品的研发、老年人信息数据统计和分析。因此现有专利技术在智慧养老模式支持中存在共性问题。

首先，专利技术雷同，缺乏颠覆性创新，不足以真正实现"智慧"养老。在智慧养老领域，智能服务机器人、机械外骨骼等高端产品的研发设计与生产制造离不开信息通信、高精度传感、精密电机等技术的支持，需要长时间的技术积累。我国处理器芯片、高精度传感器、控制器、基础软件等关键软硬件仍存在短板，高端、前沿元器件和产品的研发仍处于实验室阶段，落后于国外，制约了产业向价值链高端发展（赵燕等，2020）。

其次，专利技术缺乏"适老性"。通过专利分析发现，很多智慧养老专利并非仅仅适用于养老领域，在研发过程中出现了技术与老年人服务需求脱节的问题。老年群体对智慧养老技术研发的参与度低，从而导致老年群体对智能养老技术的接纳度也较低，进而导致市场上相应的智能设备、智能系统的采用率较低。

最后，大数据支撑不足。一是缺乏统筹管理机制。老年人养老服务的供需数据被分割在民政、企业、社会组织等各个部门中，造成数据隔阂，形成数据孤岛，无法对老人的服务需求进行准确判断。二是数据收集缺乏相应的技术支撑。对老年人的服务需求数据一般采取抽样的实地调研方法进行收集，需要大量的人力物力，不能精确到每一位老人。现有的技术只停留在信息传递方面，无法利用大数据进行分析。三是动态管理机制不完善，分散在各个部门的老年人数据没有及时更新（徐玲玲、郭培栋，2020）。

三　我国智慧养老模式发展的成果及其存在的不足

2013 年，全国老龄委成立了"全国智能化养老专家委员会"。2013年，国务院发布《关于加快发展养老服务业的若干意见》，提出用互联网、物联网等技术手段创新居家养老服务模式，建设居家服务网络平台。2015 年，民政部等 10 部门联合印发《关于鼓励民间资本参与养老服务业发展的实施意见》，提出要逐渐实现对老年人信息的动态管理，支持民间资本运用技术手段满足老年人的有效需求，增加社会主体的服务供给；国务院印发《关于积极推进"互联网+"行动的指导意见》，提出要促进智慧养老产业发展，支持智能养老产品创新和应用，利用养老信息平台对老年人的健康进行追踪和预测。2017 年，国家发布了《智慧健康养老产业发展行动计划（2017—2020 年）》和《关于开展智慧健康养老应用试点示范的通知》，引导市场大力发展智慧养老产业，推动传统养老模式快速升级。根据《工业和信息化部办公厅 民政部办公厅 国家卫生健康委办公厅关于组织申报〈智慧健康养老产品及服务推广目录（2020 年版）〉的通知》（工信厅联电子函〔2020〕118 号），我国制定了《智慧健康养老产品及服务推广目录（2020 年版）》。其中涉及的产品类别有：手环（腕带）、腰带、胸带类，手表类，服饰内置类，心电监测类设备，血压监测类设备，血糖监测类设备，血氧监测类设备，体温监测类设备，体重/体脂监测类设备，多参数健康监测设备，基层诊疗随访设备，手持式红外测温产品，社区自助健康体检设备，智能健康筛查设备，全自动红外测温产品，智能监测设备，智能康复设备，智能养老照护设备，护理机器人，陪伴机器人。其中涉及的服务类型有：慢性病管理，居家健康养老，个性化健康管理，互联网健康咨询，生活照护，养老机构信息化。

除上述推广产品和服务之外，国家还推出了智慧健康养老应用试点示范名单，按照《工业和信息化部办公厅 民政部办公厅 国家卫生健康委办公厅关于开展第四批智慧健康养老应用试点示范的通知》（工信厅联电子函〔2020〕164 号），公布了 51 家示范企业名单、72 个示范街道（乡镇）名单和 17 个示范基地名单。除此之外，全国各地市积极建设养老信息化平台，促进智慧养老落地发展。山东省目前比较有代表性的有"青岛市百姓人家智慧养老信息化平台"和"青岛市北区 e 家养老院"两个项目。前者是民政部、国家发改委、工信部、财政部、国家卫健委、公安部六部委的信息惠民工程全国试点单位之一，其通过推出线上线下相结合的"互联网+老有颐养""安保+养老"等项目产品，打造独居监护、健康管理、定位服务、紧急报警、一卡通等微系统，联合移动公司、医院、生活服务等相关机构，为居家养老老年人的安全监控、远程会诊、生活用品送货上门等提供系统化服务。比较典型的还有清华大学清华园综合服务系统、南京市鼓楼区的智慧养老系统、浙江省乌镇的智慧养老"1+1+2"模式等。

通过分析前述我国智慧养老取得的成果，可得出当前我国智慧养老服务模式主要存在以下四点不足。

一是全国各地分散式建设智慧养老基地，缺乏统一标准。虽然国家已发布许多政策文件支持智慧养老，但缺乏全国性的统一标准，从而导致很多地方虽在积极实践，但缺乏明确具体的实施路径。既未对老年人的服务需求进行有效的调查，也未建立稳定的智慧养老服务系统。最主要的是，政府、企业、家庭之间的责任关系不够清晰，一些地方将政府自上而下进行统一建设误解为统一规划。社区缺少专业人员，智慧养老系统建设任务完成后，如果没有做好对接，就会出现系统无人使用、接手人员使用生疏、系统数据更新迟缓等问题。

二是目前智慧养老服务的覆盖面较窄，主要以试点方式存在，且缺乏充分的市场调研，导致"适老性"较低。

三是智慧养老产业呈现出"政府热、企业冷"的问题。智慧养老产业"适老性"的缺乏导致智慧养老企业投入高、收益低，因此社会资本在更多的时候还是处于观望状态，面临发展前景和盈利模式方面的困惑。大多数企业对于是否进入智慧养老产业犹豫不决，从而制约了智慧养老服务的发展。

四是公共服务平台支撑能力不足。智慧养老产业有较强外溢效应和拉动作用，其公共服务属性较强，在产业发展初期较难单纯依靠市场机制实现快速发展，产业发展亟须公共服务平台支撑。从产业界与政府部门的工作重点来看，我国企业、地方政府、养老机构的主要工作集中在建设服务信息平台上，对成果转化、检测认证、服务评估、知识产权转化运用等公共服务平台建设不足，对产业发展的支撑能力有限。

第四节　我国智慧养老模式与技术发展的对策

一　我国智慧养老模式发展的对策

（一）在国家层面规范建设路径，建立统一技术标准

首先，国家层面应规范智慧养老模式的建设路径，负责制定全国智慧健康养老管理服务系统的规范，而地方可在国家规范约束下因地制宜地实施。各地经济发展水平存在较大差异，受各地政策、资源、技术的制约，各地养老服务水平并不一致。如果任由地方分散式发展，各自为政，会造成智慧健康养老的地方化差异，不利于全国范围内的大数据统计分析。从政策支持到法律支撑，国家层面对智慧养老模式的支撑要越来越有力，而不能"有政策就热一阵""走过场式申报、申报完就搁置不用"。

其次，国家层面建立统一的技术标准，防止智慧健康养老平台、产品和系统之间的"技术隔离"。应当由国家建立统一的智慧养老系统技术标准，各地以此为标准并留下开放性接口，逐步实现从市级到省级再到全国的连接，最终形成统一的服务平台。

（二）政府部门通力协作、信息共享

我国的智慧养老模式尚处于萌芽期，离不开政府的引导和支持。智慧养老模式的落地实行，离不开民政部、工信部和国家卫健委三大政府部门的大力支持，现实中也确实是由以上三个部门牵头推出智慧健康养老产品及服务推广目录以及智慧健康养老应用试点示范名单，但尚不足以支持智慧养老产业长足发展。三大部门应该在更深的层次上互通有无。在医疗领域，由工信部、国家卫健委联合制定完善、科学、系统的智慧健康养老产品标准和市场准入认证程序。在养老领域，由工信部、

民政部联合推动健康养老服务在家庭、社区实现应用示范。从养老需求出发，推动跨部门、跨系统、跨层级的资源相互调用和信息互认，形成跨部门、跨区域数据共享的格局。

（三）在国家层面建设智慧健康养老公共服务平台

在国家层面建设 1~2 个智慧健康养老公共服务平台，在国家规范智慧养老模式建设路径和建立统一技术标准、相关政府部门互通信息的基础上，各类养老服务主体与服务对象可以在上述公共服务平台上双向选择。

（四）引导社会资本投入智慧养老建设

政府应该充分发挥企业和社会组织的作用，引导社会资本投入智慧养老建设，鼓励企业和高校做好研发。在政策激励、规范到位、标准统一、公共平台建立基础上，政府要探索促进智慧养老可持续发展的激励举措，一方面给参与智慧养老的企业、高校等科研机构提供资金支持，同时建立考核机制，另一方面对使用智慧养老服务的用户给予优惠或补贴，形成研发—投入—产出—继续研发的良性循环。

二　我国智慧养老技术发展的对策

（一）提高专利申请质量和专利审查标准

较高的专利质量是获得较高专利效益的基础，而较高的专利效益为专利质量的提升提供动力。可通过智慧养老产业的繁荣促进专利价值的实现，提升专利效益，从而刺激创新主体追求高质量专利，进而形成专利质量与效益之间的良性循环（赫英淇、唐恒，2017）。因此，在智慧养老产业的发展过程中，作为为技术保驾护航的重要手段之一，专利申请质量的提高对产业发展起着至关重要的作用。我国专利申请人在专利申请过程中应注重专利申请文件的撰写质量，形成有效的专利申请策略，从而形成完善的专利布局，以发挥其应有的作用。针对我国智慧养老专利技术存在的内容雷同、创新性不足等问题，应该提高专利授权标准，评估示范基地或者示范企业时，不能仅仅把相关专利数量作为考核标准，更应该将相关专利技术的实际效能作为考核标准。

（二）重视对底层技术的改进

在核心和基础专利已被国外起步较早的企业申请的前提下，我国智慧养老技术的研发企业和高校可以从前述专利技术的改进角度进行突破，寻求解决同样技术问题的新思路或改进思路，寻求替代方案，对竞品权利人形成技术壁垒（裴江南、张野，2016）。一方面，可以形成包围式的专利布局模式，最终达成交叉许可的目的；另一方面，新技术的研发可以促进新的专利形势的形成，使国内专利权利人占据主动地位。

（三）促进高校和企业的技术战略合作

从智慧养老技术专利申请人类型的分布来看，高校专利申请人远多于企业专利申请人，不利于将专利技术运用于智慧养老产业的发展过程中。应通过相关政策、社会激励制度、高校成果转化促进办法等的出台，推动高校与企业的技术战略合作，推动企业将高校的研发成果应用于智慧养老产品的实际生产过程中（瞿礼萍等，2020）。高校应重视知识产权运营能力的提升，无论是内部组建知识产权转化相关专门团队，还是加强与外部专业化知识产权技术转化机构的合作，均是促进高校专利技术成果转化的重要途径。企业积极与高校专利权人沟通成果转化的具体事项，既可以降低研发成本，又可以通过进一步的技术合作形成企业自身的专利布局。

（四）建立和完善养老服务技术标准

我国《"十三五"国家科技创新规划》中，"健全支撑民生改善和可持续发展的技术体系"一章强调，建立和完善养老服务技术标准体系，其中涉及以智能服务、功能康复、个性化适配为方向，突破人机交互、神经—机器接口、多信息融合与智能控制等关键技术，这些技术同智慧养老行业的发展息息相关。智慧养老技术的发展可以为智能类服务提供技术支持。应发挥智慧养老技术的作用，推动养老服务技术标准体系的建立。例如，通过智能检测设备的研发，为老年人建立健康实时数据模型并进行数据分析，结合报警系统等提示工具，及时为出现身体问题的老年人提供医疗或康复服务，从而形成完整的智能服务链。需要对技术建立系统化的衡量体系，对服务的目的、措施、效果等进行评价，进一步对技术的准度和高度提出要求，从而促进智慧养老技术的高质量发展。

（五）促进智慧养老技术的集成应用

在针对老年群体进行智能技术研发的同时，应当鼓励不同行业技术研发主体跨领域合作，将已经成熟的智能技术应用于老年人产品中，提高智慧养老产品的智能程度。《"十三五"卫生与健康科技创新专项规划》中提到，要加快人机交互、照护机器人、3D打印、脑机接口、虚拟现实等新技术在康复辅具中的集成应用。扩领域的集成应用可以弥补我国目前智慧养老底层技术发展不足的短板，缩短智慧养老产品的研发周期和降低研发成本，并可以充分发挥已有智能技术的作用，达到双赢的局面。

第八章 长期照护保险：地方实践
与政策建议

中国老龄化发展速度较快、涉及人口数量较多，致使老年社会服务形势严峻，老年社会服务体系建设任务艰巨（潘屹，2017）。山东省是老年人口大省，截至 2021 年底，全省 60 岁及以上老年人口达 2151 万人，占比为 21.15%；65 岁及以上老年人口达 1619.38 万人，占比为 15.92%；60 岁及以上和 65 岁及以上老年人口占比分别高出全国 2.25 个百分点和 1.72 个百分点。[①] 山东省已经进入中度老龄化，呈现出基数大、增速快、程度高的特点。在老年人口中，空巢、独居老年人口约 989.5 万人；失能、半失能老年人口约 393.6 万人。[②] 未来，老龄化、高龄化和失能化将面临更严峻的形势。与这类问题相伴随的，是老年人快速增长的健康服务需求，包括长期护理服务需求。长期护理保险[③]制度是实现共享发展改革成果的重大民生工程，也是健全社会保障体系的重要制度安排。如何构建城乡融合的长期照护保障体系，满足城乡失能老人长期照护需求，是当前人口老龄化社会和社会治理进程中需要解决

---

① 《去年我省创建 54 个全国示范性老年友好型社区》，http://www.shandong.gov.cn/art/2022/7/27/art_97560_547660.html，最后访问日期：2024 年 7 月 5 日。
② 空巢、独居老人数量按照《"十三五"国家老龄事业发展和养老体系建设规划》预测的全国空巢、独居老人人数占老年人口的 46% 测算得到；失能、半失能老年人数按照2016 年第四次中国城乡老年人生活状况抽样调查结果，失能、半失能老年人占老年人口的 18.3% 测算得到。
③ 长期照护保险，在我国使用的是长期护理保险的概念。

的重大现实问题。本章以山东省①为例，对长期护理保险制度的实施成效与问题做出分析，并提出相应的对策。

第一节　长期照护保障体系相关研究

已有研究中关于长期照护保障体系建设的内容不多，大部分围绕长期护理保险制度的国内外制度设计和具体实践展开研究。陈凯雯（2016）对国内外长期护理保险政策研究文献进行梳理，主要从保险模式、资金筹集模式及护理补贴方式三个角度分析，认为建设社会保险型、三方共同筹资和以服务补贴为主的长期护理保险模式是符合中国国情的选择。王乐芝和曾水英（2015）梳理了国内外关于我国失能老人的状况和老年长期护理保险的文献，提炼出目前相关研究的主流观点，包括失能老人基本状况、失能老人照料需求和服务供给、老年长期护理保险实现模式选择、老年长期护理保险制度制定、老年长期护理保险国际经验。研究结果表明，中国失能老人增多是中国人口老龄化过程中的必然趋势，失能老人照料供需失衡，社会护理保险是解决老年护理问题的主要途径。徐晓君和薛兴利（2017）对老年人长期照护的相关文献进行梳理，从长期照护的内涵入手，对长期照护服务供给和需求两方面的研究成果进行综述，并对老年人长期照护服务发展对策的主要观点进行了梳理。门磊和孙丹（2017）分析了吉林开展长期护理保险试点的情况。谢涛（2018）从长期护理保险的作用研究、设计和运作过程中所面临的问题及评价、长期护理保险的国际比较、消费者购买长期护理保险的意愿、长期护理保险制度国外模式借鉴、长期护理保险的实证研究六个方面进行了探讨。

周富玲和张继元（2018）认为结合社会保险和商业保险各自的优

---

① 山东省作为长期护理保险制度国家试点重点联系的两个省份之一，在探索建立适合我国国情的长期护理保险制度方面，走在了全国前列。

势，构建充分满足老人需求的多层次长期护理保险体系具有重要的意义，国内此方面的研究大致可以分为三个阶段，分别是商业保险阶段、社会保险阶段以及社会保险与商业保险协作阶段。在不同阶段，依据社会保险和商业保险发挥作用的差异，又可以分为不同的模式。有学者通过归纳学界对长期护理保险社商协作机制不同阶段和模式的探讨，从加强社会保险和商业保险协作的角度，为我国长期护理保险制度的长远发展提供建议。阚清泉和曹信邦（2019）通过梳理长期护理保险筹资模式相关文章，总结目前学术界对长期护理保险筹资模式的不同观点，进而总结分析各筹资模式下的缴费率水平，最后结合国内外经验针对中国长期护理保险的筹资模式提出了政策建议。张杨和刘昊（2019）从现状成效、供需视角和政府责任三个维度进行综述，总结前人对我国长期照护保险推行情况的研究。王群和杨瑾（2019）基于长期护理保险需求的理论文献，提出了影响其需求的理论框架，并在此框架基础上梳理了国内外长期护理保险需求的实证研究，已有的需方特征影响长期护理保险需求的相关结果为我国该保险方案的设计提供了决策参考。同时建议大力开展保险特征与长期护理保险需求关系的研究，以明确民众对于长期护理保险的需求机制，从而增强该制度对不同人群的内生吸引力，从根本上促进我国长期护理保险制度的可持续发展。此外，黄懿炘等（2021）从居家护理服务的实施现状、影响因素、效果与评价以及建议等方面对国内外长期护理保险制度下居家护理服务的相关研究进行了综述，为我国完善长期护理保险制度下居家护理服务的建设提供参考。

第二节　山东省长期照护保障体系建设情况

一　山东省长期护理保险制度建设情况

2016 年 6 月，人力资源和社会保障部办公厅出台《关于开展长期护理保险制度试点的指导意见》，选取青岛市等首批 15 个城市作为试点地区，探索建立适合我国国情的长期护理保险制度。同时，将山东省、吉林省作为国家试点重点联系省份。

2016 年 6 月，民政部、国家发展和改革委员会在《民政事业发展第十三个五年规划》中明确提出探索建立长期照护保障体系。该规划指出，"积极开展应对人口老龄化行动，加快发展养老服务业，全面建成以居家为基础、社区为依托、机构为补充、医养相结合的多层次养老服务体系，创新投融资机制，探索建立长期照护保障体系"。建立老年人长期照护保障体系的具体内涵是：重点保障失能、半失能老人的生活照料、康复护理、精神救济和安宁疗护等长期照顾服务。其限定补充了失能老人生活照护的部分。长期照护服务体系应该包括对失能老人的医疗护理和生活照护，同时包括长期照护保险和长期照护服务。2021 年，《"十四五"民政事业发展规划》中再次提出要发展长期照护保障。

山东省积极贯彻落实中央决策要求。2017 年，山东省人民政府办公厅印发《关于试行职工长期护理保险制度的意见》，在全省全面试行职工长期护理保险制度。2021 年，山东省医疗保障局、山东省民政厅等 5 部门联合印发《关于建立省直职工长期护理保险制度的通知》，提出建立省直职工长期护理保险制度。2022 年，山东省人民政府办公厅发布《关于开展居民长期护理保险试点工作的意见》，对山东省开展居民长期护理保险试点工作提出相关要求。

二　山东省长期护理保险实施成效

山东省积极贯彻落实中央决策要求，结合本省实际制定了全面推进试点的文件，对相关政策进一步细化完善，并在长期护理保险资金筹集、保障范围、待遇支付等方面做了创新性探索。其总体成效主要体现在以下几个方面。

一是出台相关政策文件，初步建立了长期护理保险制度。为推进长期护理保险工作，山东省先后出台了《关于试行职工长期护理保险制度的意见》《关于建立省直职工长期护理保险制度的通知》《关于开展居民长期护理保险试点工作的意见》等政策文件，从宏观政策层面对全省各类人群的长期护理保险工作做出了整体谋划和部署。同时，山东省总结试点经验，率先制定了《长期护理保险管理与服务 总则》《长期护理保险失能人员照护需求等级评估》《长期护理保险定点护理服务机构护理服务与管理规范》等地方标准，提升了长期护理保险管理与服务规范化、标准化水平。

二是分类推进长期护理服务，增强了社会化照护服务供给能力。2021 年底，全省 16 市已全面建立职工长期护理保险制度，济南、青岛全市和东营、烟台、威海、日照的部分县区还探索建立了居民长期护理保险制度。山东省长期护理保险参保人数达到 3434.9 万人，居全国第一位。[①] 城乡居民长期护理保险制度的实施，增强了山东省社会化照护服务供给能力，使更多失能老年人享受到专业照护服务，提高了老年人的生存质量，减轻了失能老人及其家庭的负担。以济南市为例，截至 2021 年，济南市定点医护机构已达到 214 家，有 1 9 万名参保职工享受到有关待遇，基金累计支出 3.15 亿元，[②] 有效减轻了失能、半失能人员家庭的经济负担。同时，家护、院护和专护等不同照护形式的介入有效减轻了家属照护压力，有助于将家庭子女从繁重的护理工作中解放出来，更好地从事工作和生产，解放了社会劳动生产力。

三是整体上减少了医保支出，促进了医疗养老护理资源的优化配置。许多无须就医用药，仅需维持生理功能的失能老年人长期滞留医院，存在"社会性住院"现象，且过度医疗事件频发，消耗了巨额医保基金。实践表明，长期护理保险制度促进了部分长期滞留医院的失能老年人群转向家庭、社区、护理院、养老院等机构获取护理服务，节约

---

① 《山东率先实现职工长期护理保险全覆盖》，http：//www. shandong. cn/art/2021/12/21/art_97564_517415. html，最后访问日期：2024 年 7 月 12 日。

② 《【2021.02.04】济南市人民政府新闻办公室发布会 总计 279 场 2021 年度第 15 场》，http：//www. jnio. gov. cn/html/2021/tsfbh_0204/2659. html，最后访问日期：2024 年 7 月 12 日。

了医保资金，优化了资金与资源的配置。

四是促进了养老服务业及其关联产业的发展。从山东实践来看，长期护理保险制度的实施促进了养老机构、护理机构的发展，激活了养老产业、家政服务产业、护理培训市场，有利于养老护理、健康照护等人才队伍的培养，拉动了经济增长。仅 2022 年，青岛市就新增定点护理机构 198 家，[①] 新增大量专业护理就业岗位，使城市相关产业快速壮大，带动了郊区富余劳动力向城镇转移就业。

第三节　山东省长期照护保障体系建设存在的问题

从山东省实践情况看，以长期护理保险制度为基础的长期照护保障体系建设还存在一些需要解决的问题。

一　长期护理保险缺乏法律保障

目前，山东省各地市仍处于开展城乡居民长期护理保险制度的试点阶段，缺乏相关的法律支持。被称为社会保险第六险的长期护理保险并未纳入我国《社会保险法》的法律框架，长期护理保险资金筹集渠道、筹资水平以及长期护理保险基金的使用并没有明确的法律规定，这限制了山东省长期护理保险制度的发展。

二　护理人员队伍建设不足，服务质量难以保证

根据笔者的调查，当前长期照护服务人员文化水平普遍较低，缺乏专业的护理技能培训，真正持证上岗的护理人员仅为少数。因长期照护服务人力资源不足，接受居家照护的老人难以享受专职护理人员的照护

---

① 《青岛市打造全覆盖、可持续长护险制度 实现城乡一体化发展》，https://sdxw.iqi-lu.com/w/article/YS0yMS0xMjExODQ1OQ.html，最后访问日期：2024 年 7 月 12 日。

服务。在距离城市较远的农村地区，专职护理人员尤为稀缺。在专业护理服务方面需求远大于供给，专业护理人员供需矛盾较为突出。在调研中，定点医疗机构负责人也表示当前面临的最大阻力是护理人员缺口较大。医院专业护理人员占比较低，且护理人员整体年龄偏大，只能承担院护相关工作，而需求更大的家护服务则只能由与医院有合作关系的家政服务机构来提供。

三　家庭照护的社会支持不足

目前，山东省正在着力构建以居家为基础、社区为依托、机构为补充、医养相结合的多层次养老服务体系，让广大老年人享受多元化、个性化的优质养老服务。各地市充分认识到社区居家养老的重要性，探索推出家庭养老床位、适老化改造等服务，积极提升家庭养老照护能力。但是，承担照护老人责任的家庭照护者在长期照护过程中仍面临一系列困境。一是照护压力大。照护失能老人是一项十分繁重的工作，照护者需要花费大量时间和精力，在承受沉重的身体负担的同时，也伴随着心理负担。二是照护能力不足。家庭照护者大多数未接受过专业培训，缺少照护相关的知识和技能。在实际照护过程中，除了照顾老人的生活起居，还需要提供情绪疏导和健康护理等服务。照护任务往往超出照护者的能力范围。三是社会支持不足。目前，关于老年人家庭照护者，我国并没有出台针对性政策。山东省关于老年人家庭照护者的相关支持政策还处于探索阶段。四是家庭照护的劳动价值不被认可。家庭照护者通过自己的付出满足了老人的照护需求，为家庭和社会做出了巨大贡献，但是其价值被"隐化"。

四　智慧化养老照护服务平台建设不足

2017年，山东省深入推进"互联网+养老"，在全省启动"互联网+养老"建设项目，建设全省统一的养老管理平台。2021年，青岛西海岸新区卫生健康局秉承"先行先试、善作善成"的新区精神，在全国创新打造了"互联网+评估+护理服务"新模式。当前的"互联网+护理服务"模式确实对护理服务进行了有益的探索，但是，仍然存在一些问题。首先，已有"互联网+护理服务"提供的护理服务多为单次性、临时性和应急性服务，没有长期签约服务，而且不提供老年人的日常护理服务。其服务提供与照护依赖老人的照护需要不能完全匹配，难以满足照护依赖老人及其家庭的照护需求。主要依托试点医疗机构研发信息平台开展护理服务，没有考虑老年照护服务资源的整合。其次，已有"互联网+护理服务"提供的护理服务多为自费项目，没有做到与长期护理保险或医疗保险的有效衔接。太平养老保险股份有限公司在长期护理保险的经办过程中，使用自主研发的长期护理保险智能化管理系统，该系统融合了移动互联网、大数据、人脸识别、深度学习等多种先进技术，系统功能覆盖失能申请、失能评定、服务管理、费用结算、稽核巡查等长期护理保险经办服务全流程，形成长期护理保险制度运营管理闭环，为太平养老保险股份有限公司开展长期护理保险运营服务奠定了坚实的技术基础。但是，该系统由保险公司研发和运行，难以起到统筹的作用，具有一定的局限性。

第四节　长期照护保障体系建设对策

长期护理保险制度是实现共享发展改革成果的重大民生工程，也是健全社会保障体系的重要制度安排。应在稳步推进长期护理保险制度的基础上，开展长期照护保障体系建设。

一　推进长期护理保险制度立法工作

法律是维护社会各项事业和谐稳定发展的基石，长期护理保险制度也不例外。我国可以借鉴日本、韩国、德国等国家长期护理保险发展的经验，以法律规范长期护理保险制度的实施。具体而言，应呼吁将长期护理保险作为独立于社会保险五险之外的第六险写入我国《社会保险法》，通过立法以法律条文的形式明确长期护理保险的各项细节内容，以保证长期护理保险制度高效且可持续发展。通过立法明确政府、社会、家庭三者在老年人护理中的义务和职责，从法律方面为长期照护的平稳健康发展提供坚实保障。

在立法过程中，结合中国国情，对法律的中心内容和操作流程进行符合实际情况的设置，严格规定人员标准、设施标准、设备标准、运营管理标准以及长期监督标准。准入机制是质量保障的重要前提，人社、民政、卫健等政府职能部门的行政垂直监管也不可或缺，从而为长期照护保障体系的发展提供切实的法律依据，做到护理服务有法可依。只有法律明确在前，我国的长期照护保障体系才能有依据，才能顺利发展。

二　加强护理从业人员队伍建设

护理服务的提供需要庞大的从业人员队伍来支撑，当前护理从业人员队伍建设存在工作不稳定、职业流动性强、工资待遇低及社会认可度低等困境。以济南市为例，目前济南市长期护理服务人员文化水平普遍较低，综合素质较差，缺乏专业的护理技能培训，加之护理行业门槛较低，真正持证上岗的护理人员仅为少数，高素质护理人才较为稀缺。究其原因，一方面是医院辛苦的护理工作很难吸引年轻的护理人员，另一方面是护理人员缺乏统一的评判标准。

在专业人员紧缺的情况下，护理从业人员队伍建设可以两条腿走路。一方面，大力招聘大中专院校护理专业大学生充实护理从业人员队伍。大学生作为专业人才，具备相应的护理技能，能够较快地适应护理岗位的工作需求，承担专业技术要求较高的基础护理项目。另一方面，可以由护理机构就近在本街道或社区招募 50~60 岁赋闲在家的中年群体充实护理从业人员队伍。这部分人因为个人或家庭因素，不能完全投入劳动力市场。在家门口从事护理工作既能够增加家庭收入，又能兼顾家庭，而且能够通过服务别人增强自身的价值感。这些非专业的护理员上岗前，护理机构负责为其提供相关培训，上岗后主要从事照护项目部分的工作，为病患提供相对简单的护理服务。在机构开展护理服务的过程中，专业护理人员和非专业护理人员通过互相配合完成工作，这样可以有效破解当前护理人员不足的困境。

建议加大护理从业人员职业培训力度，建立护理工作相关的国家级认证机制，借此审核其专业技能并赋予其应有的社会地位。在强调加强护理人员培训的同时，还要重视非正式护理人员的劳动价值，这不仅是对中国家庭传统的遵从，还能有效降低护理成本、节省支出。同时，建立一定的护理质量等级体系，将护理人员的绩效与他们的护理质量和护理等级挂钩，促进护理人员不断提高自己的专业知识水平和业务能力，更好地为失能群体服务。

三　提升家庭养老照护能力

为提高家庭照护水平，保障老年人身心健康，许多国家实行的长期护理保险制度明确了对家庭照护者的支持。例如，澳大利亚向长期提供家庭照护的群体以及承担日常护理老年人责任的护理者发放补助金。美国明确规定为因照护而中断劳动的护理者提供经济补偿，并且通过提供喘息服务保障家庭照护者社会支持体系的全面建立。日本的长期护理保险制度推进"在地安老"，建立了护理短期休假制度，支持家庭照护者平衡护理和工作。德国的长期照护体系十分重视家庭照护的基础作用，鼓励和推广大家庭模式的居家护理。在数次长期护理保险制度改革中，不断提高亲属护理者的待遇。政府通过现金补贴和免费的知识技能培训等为家庭照护者提供支持。对于需要平衡家庭照护责任和工作需求的护理人员，政府为其提供社会保险费和工资，保障他们临时兼职护理后返回全职工作的权利；在家人突然产生护理需求的情况下，引入工资替代福利制度，即提供照护的亲属可以长达10天不用工作以照护家人；长期护理保险机构为护理亲属支付护理存续期间的养老保险、失业保险、医疗保险和长期护理保险的费用。

　　鼓励家庭养老照护与中国传统文化中注重"家庭"和"孝道"的价值观念相契合，既有助于满足老年人的养老需求，又有助于减轻社会养老负担。山东省在长期照护保障体系建设中，应明确以居家护理为主的发展方向，积极推动相关养老配套设施建设，提升家庭照护能力，推动社区居家养老服务的发展。参考其他国家经验做法，本书提出如下建议。

　　第一，进一步完善长期护理保险政策，统一将近亲属提供的医疗护理服务或照料纳入享受长期护理保险待遇范围，并提高居家护理的保险支付水平，以鼓励居家护理和社区居家养老。目前，滨州、临沂、威海、德州等地市已经将近亲属提供的医疗护理服务或照料纳入居家护理范围，但是仍有部分地市将居家护理限定为由定点医护机构提供的上门照护或社区日间集中照护。而且，在各地政策中，选择近亲属等照护的保险支付标准远低于选择定点医护机构提供服务的支付标准，这不利于社区居家养老服务的发展。

　　第二，鼓励养老、健康和护理等领域的专家及社区工作人员等共同组成专业队伍，开发针对家庭护理者的培训课程，通过政府购买服务的方式，由社区医院或社区卫生服务中心具体组织开展辖区范围内的护理培训工作，增加家庭照护者的照护知识，提高其照护技能和照护能力。

　　第三，大力发展社区综合卫生服务中心，为家庭照护提供支持。社区可以提供日间照料和临时性护理服务作为家庭照护的补充；同时，开展家庭照护指导服务、紧急应对型护理服务以及康复辅助器具租赁服务。

　　第四，适时推动政策发展，保障家庭照护者的社会权益。可以通过建立长期护理假和长期护理津贴制度，或者完善相关的就业政策，对因照护家人而产生工资损失的家庭照护者给予相应的经济补贴，使家庭照护者能够得到社会认同。

四　推动"互联网+"照护服务平台建设

　　"互联网+"照护服务平台应着眼于实现医院、社区、家庭、机构不同照护主体的联动，推行联动照护和整合照护，建立转介制度，形成共商、共建、共享的开放型资源整合发展路径，为失能失智老人及其家庭提供可持续优质照护服务。

第一，要基于信息化理念和大数据技术，构建老年照护供需信息数据库。在保障信息安全的前提下，将经济与健康状况等照护服务需求者信息，以及各类照护服务提供者信息进行汇总，并进行动态管理。为政府部门有关老年照护服务的供给决策以及老年人照护管理提供数据支持。

第二，要依托"互联网+"整合社会力量，如医疗机构、家政服务机构等，参与长期照护服务提供。解决失能人员的长期照护问题是长期护理保险制度的目标，长期护理保险只是提供了保险资金支持，还需要在服务提供上不断增加服务供给，进一步健全运行管理机制，明确定点机构协议管理和费用结算方式，制定照护服务机构准入和退出机制，规范监督管理制度，明确照护服务机构的性质、服务主体、服务对象、服务内容，构建具体的机构建设标准、服务设施标准、照护人员从业资格标准、服务和管理规范等，建立健全服务质量评估制度等。

第三，要积极利用现有的互联网资源，大力开发老年照护服务网络应用技术。根据照护服务的不同类型研发手机、电脑、终端机等多样化的移动端和固定端的软件技术和硬件设备。将区域内乃至区域间的医疗、护理、照顾、家政、物业、文娱等各类照护服务相关资源通过互联网技术进行整合。实现老年照护服务资源的集约化管理，发挥互联网技术给照护供给带来的乘数效应。

第四，要依托"互联网+"促进城乡老年照护服务的一体化。城镇职工长期护理保险和城乡居民长期护理保险的筹资水平和筹资渠道存在系统性差异，打通两大群体的参保者基金池，需要漫长的制度成熟过程。基于"互联网+"建设服务城镇职工和城乡居民的长期护理平台是可行的，而且是符合现实需要的，有助于推进城乡社会福利的一体化进程。

第九章 家庭养老服务模式：社会替代与路径构建[*]

在人口老龄化背景下，家庭结构变迁等因素导致家庭养老模式的不足日益凸显（田北海、王彩云，2014），养老模式和养老服务面临严峻挑战，社会养老服务体系建设问题受到广泛关注。各地政府结合实际情况积极探索以居家为基础、社区为依托、机构为补充、医养相结合的养老服务体系，发展出了多种新型养老模式，如机构养老、社区养老、候鸟式养老、智慧养老、嵌入式养老等。上述多种模式丰富了养老实践，提供了多重养老选择，在一定程度上推动了养老模式研究。然而，这些养老模式有其自身的缺陷，在实践中存在一定的问题。笔者深入济南市 D 社区综合养老服务中心，开展参与式观察，对机构老人、老人家属、中心负责人和护工开展深度访谈，分析收集的资料，运用社会资本理论分析影响家庭养老替代模式选择的因素，提出家庭养老替代模式的构建路径。

第一节 理论分析与方法介绍

一 相关理论与概念

法国著名社会学家皮埃尔·布迪厄（Pierre Bourdieu）是第一个在

---

* 本章曾以《社会资本理论视角下家庭养老替代模式选择及路径构建——以济南市 D 社区综合养老服务中心个案研究为例》为题发表于《广西社会科学》2020 年第 4 期，收入本书时有修改。

社会学领域对社会资本进行系统阐释的社会学家（陈际华、黄健元，2018），他把人类社会的资本划分为三种类型，即经济资本、文化资本和社会资本，三种类型的资本是可以相互转化的。经济资本是由土地和劳动等不同生产要素、经济财产、各种收入及经济利益组成的，在不同社会中具有不同的特性（李全生，2008），主要是对资源的掌控。文化资本以一种具体化的状态而存在，反映在个体精神和身体的持久"性情"中。个体通过不断学习，获得内在的文化资本，即文化能力，形成身体、精神和行动三位一体的知识、教养、人际关系等，由"实有"变成"实存"。社会资本是一种资源，这种资源既有显性的存在，也有隐性的存在，与个体社会地位及社会关系有关，布迪厄把社会资本定义为"实际或潜在资源的集合，这些资源与相互默认或承认的关系所组成的持久网络有关"（布迪厄，1997）。社会资本包含内部资源和外部资源，内部资源如主体的安全健康、权力与威信、经历与经验、惯习、生存心态①等，外部资源如场域、环境、文化和社会趋势、社会关系网络等（郑剑，2012）。

"场域"和"惯习"是布迪厄实践理论中非常重要的两个概念。"一个场域可以被定义为在各种位置之间存在的客观关系的一个网络，或一个构型"（布迪厄，1997）。场域不是一个实体，而是一个高度独立的社会空间，是由客观关系构成的系统。场域内存在力量和竞争，而决定竞争的逻辑就是资本的逻辑（林克雷、李全生，2007）。法国社会学家菲利普·柯尔库夫（Philippe Corcuff）认为，惯习"是持久的可转移的禀性系统"，布迪厄强调惯习组成了一种结构化的和正在结构化的结构，这种结构包含产生感知、评估和实践的性情倾向（崔思凝，2017），即以某种方式进行感知、感觉、行动和思考的倾向，这种倾向通常是每个人根据其生存的客观条件和社会经历而以无意识的方式内在化并纳入自身的。换言之，惯习是一种既持久存在又可变更的开放性情

---

① 生存心态特指主体存在的样态以及主体发展的内在机制和发展趋势等基本属性（田玲，2006）。

系统。布迪厄认为惯习是与客观结构紧密相连的主观性，是一种社会化了的主观性。场域和惯习相互交织、相互制约。布迪厄的社会资本论被广泛应用于教育、经济、文化、旅游等研究，近些年在养老相关研究中的应用也逐渐增多，但更多侧重于对理论的探索，未见对家庭养老替代模式选择的实践进行分析。本书在借鉴前人研究的基础上，通过对济南市 D 社区综合养老服务中心的参与式观察，运用社会资本理论探讨实践中家庭养老替代模式选择的影响因素及困境，并提出解决路径。

二　研究方法与调查点

以济南市 D 社区综合养老服务中心为深度研究点，选取 8 名街道、社区、养老服务中心负责人以及养老机构的护理人员，50 名在住老人及在社区日间照料中心参与活动的老人，32 名老人家属进行了深度访谈；访谈问题共计 20 余项，每项问题至少提问 5 名相关人员，对访谈均及时进行了书面等形式的记录，整体调研饱和度较高。其中，根据情况对 23 人进行 3 次深度访谈，访谈人员情况见表 9-1。

表 9-1　济南市 D 社区深度访谈人员情况

访谈编号	性别	年龄（岁）	职位（务）/基本情况
001	男	43	街道办主任
002	女	35	D 社区居委会主任
003	女	28	D 社区居委会工作者
004	女	24	D 社区居委会工作者
005	女	28	D 社区社工
006	男	63	D 社区老党员（综合养老服务中心志愿者）
007	男	46	D 社区综合养老服务中心董事长
008	女	43	D 社区综合养老服务中心主任
009	男	31	D 社区综合养老服务中心项目主管
010	男	46	D 社区医院院长
011	女	33	D 社区医院办公室主任
012	女	25	D 社区综合养老服务中心社工

续表

访谈编号	性别	年龄（岁）	职位（务）/基本情况
013	女	26	D社区综合养老服务中心护工
014	女	22	D社区综合养老服务中心实习生
015	男	34	D社区日间照料中心主任
016	男	30	D社区综合养老服务中心智慧信息平台负责人
017	女	27	D社区日间照料中心项目社工
018	男	86	入住机构老人，半自理
019	女	87	入住机构老人，自理，身体健康，亲切温和，文化修养较高，机构各类冲突的调解者
020	女	88	入住机构老人，自理，开朗乐观，爱唱喜跳，担任社区妇女主任30多年，荣获各类奖章30多枚
021	男	36	入住机构老人儿子，其父亲在机构居住，每周来探视父亲，从不间断，有空便来给父亲洗澡，陪父亲聊天
022	女	46	入住机构老人女儿，其母亲在机构居住，经常接母亲回去，但母亲强烈要求入住机构
023	女	50	入住机构老人女儿，母亲在家里没有人照看，自己身体也不好，只能把母亲送来

济南市D社区辖区面积0.4平方公里，有43栋楼，省市单位8个，居民2992户11531人。选择该社区作为参与式观察的地点是因为该社区是济南市最早发展养老服务的社区，经过多年探索，该社区建立了综合养老服务中心，持续探索居家养老、社区养老、机构养老等养老服务模式，提供集日间照料、短期托养、休闲娱乐、康复理疗、养生保健等于一体的综合养老服务。同时，依托D社区卫生服务中心的医疗资源优势，筹建了区域性养老服务网络，探索医养结合服务模式，并建设了智慧健康医养中心，搭建智慧健康养老信息平台，实现了养老模式的全覆盖，具有非常显著的代表性。此外，该社区的综合养老服务中心已入住60多位老人，且已开展2年多的服务，能更全面、深入、多样化地呈现研究者关注的问题。

第二节　新时代家庭养老存在的问题分析

一　家庭结构变迁带来的养老问题

当前，我国家庭结构发生了巨大变化，一方面呈现家庭规模小型化、家庭结构简化、家庭类型多样化等特征；另一方面家庭"老龄化"现象不断加剧，家庭场域养老人力资本、经济资本不足。在二孩政策实施之前，大多数家庭是独生子女，赡养老人的义务就落在了唯一的子女身上，形成了"4：2：1"的家庭模式，家庭养老面临很大的挑战。当前，老年人独居现象逐渐增多，一是受生育水平持续下降影响，家庭人口减少；二是住房条件改善，使得独居成为可能，2016年中国老年社会追踪调查结果显示，八成以上老年人拥有自己的住房，约7%的城市老年人拥有2套住房；三是在城市化进程中，流动人口增多，家庭中的年轻人为了获得更好的就业、教育机会，离开父母和家乡，外出寻求更好的发展机会，出现了严重的"空巢"老人现象，"纯老家庭"数量增多，导致了家庭模式的变化（李芬、高向东，2019）。

二　家庭功能变迁带来的养老问题

家庭是社会系统中最基本的单元，是社会关系的核心要素，尤其是在传统的主流文化中，家庭是社会生活的核心和基础，承担着衣食住行、养老保障等多重功能（颜玮，2018）。家庭的原本功能主要是生育、养育和教育未成年人，赡养老年人；家庭的经济功能强调对物质生活资料的生产和消费；家庭的生活功能建立在经济功能的基础上，强调对家庭成员生活的安排。这些功能对于丰富家庭成员的文化资本和社会资本具有重要的意义。然而，随着社会变迁，传统的家庭功能慢慢弱化，家庭结构、家庭观念和家庭关系发生极大改变，家庭的经济功能逐渐向情感功能演变（颜玮，2018）。就家庭权利关系而言，资源情感下沉，即有限的家庭资源被更多地分配给子女，老人获取的资源被挤压；家庭成员间沟通、互动减少，老人在家庭中获得的社会资本不足。这些变化导致在家庭场域内老人难以获得更为有效的照护和支持。

三　社会养老保障供给不足

人口老龄化的日益严峻、家庭功能弱化对社会养老保障体系提出更高的要求。老年人要想过上高质量的生活，必须有一定的经济保障、住房保障、医疗保障。生活照料是老年人需要的最基本的服务，主要包括日常生活照料和医疗保健服务。随着老年人身体机能的不断老化，饮食起居和医疗保健成了老年人生活照料的基本需求。特别是一些不能自理的老人，更需要子女的照顾和关心，但是很少有子女能够放弃工作在家全职照看老人，需要更专业的护理人员照料他们的生活起居。同时医疗保健服务能让老人远离疾病，增强其健康意识。除了经济和生活的需求外，老年人还需要精神慰藉。很多老年人面临的心理和精神问题就是孤独与寂寞，针对老年人的社会服务资源相对匮乏，导致出现养老问题。访谈中有老人（020）认为，"不想麻烦子女，去医院看病非常麻烦"，"老伴过世后非常孤独，孩子们孝顺但有些话不好说"。

第三节　家庭养老替代模式的选择类型及其影响因素

一　家庭养老替代模式的选择类型

随着我国生活水平的不断提升，传统的家庭养老模式面临诸多的问题，新型养老模式不断涌现，逐渐形成了以居家养老为基础、以机构养老为补充、以社会养老为依托的多元化养老模式，满足老人的经济、生活、精神需求。家庭养老替代模式存在多种类型，而老年人所拥有的经济资本、文化资本、社会资本及惯习等因素影响着养老模式的选择。

机构养老。机构养老是指福利院、托老所、养老院、老年公寓以及高端养老社区等专门养老机构，将大量老年人集中起来，进行全方位的照料。机构会根据老年人的心理特点、身体需要建设医疗护理服务机构、老年活动设施、文化娱乐场所等，具备"急老年人之所急"的专业养护精神，为老年人提供良好的养老条件和全方位的服务。老年人的经济资本严重制约机构养老的选择。目前主要有三类养老机构。第一类是高端养老社区（或养老公寓），这种主要是针对经济能力强的老人，服务内容丰富、细致，然而费用高，拥有较强经济能力的老人才会选择入住这种养老社区（或养老公寓），享受高端的社会服务，包括医疗保健、生活照料、文娱活动，促进文化资本和社会资本的积累，提高生活质量。这样的机构能有效促进积极养老，增强老人生活幸福感，然而因经济资本限制，能够享受的老人有限。第二类是政府托底的福利院、养老院等，主要面向贫困老人，因养老资源有限，入住这样的机构很难，且面临服务保障不足等问题。第三类是嵌入社区的养老机构，费用中等，老人对环境熟悉，但大多面临房屋面积有限、生活环境一般等问题。受访对象王女士（023）提到，"高端的养老机构设施很好，服务周到，但太贵了，根本住不起"。

居家养老。居家养老是以家庭为核心、社区为依托、信息化为手段、专业化服务为支撑，支持老年人就地就近养老的服务模式，符合文化传统、现实国情和社会需要，是养老服务发展的主流趋势，以对老年人的生活照顾、精神慰藉为主要内容，以社区日托和上门服务为主要形式，并引入专业化服务方式。其特点就是老人住在自己家里，在得到家人的照顾的同时，还能享受到服务机构的上门服务。目前这种养老模式存在的问题是对政府购买项目的依赖较大，在长期护理保险未能落实之前，老人纯自费购买居家养老服务的意愿不足，导致居家养老难以落实。D社区综合养老服务中心主任（008）提到，"居家养老现在主要是靠政府购买，居民购买的意愿很低。老人都不舍得出钱，机构也想提升造血功能，但总体挺难"。

综合养老服务中心。采用公建民营或民间资本建设、政府出资补贴等方式，在社区开办综合养老服务中心，主要为社区内或邻近社区的老年人提供生活照料、护理、文化活动等服务，为老人聘请专业的护理人员、构建养老服务站、开设老人餐厅、建立医疗保健机构和活动中心等，为老人提供良好的服务。为解决老人的医疗需求，很多综合养老服务中心借助社区医院资源，推进医养结合。综合养老服务中心弥补了家庭养老的不足，是当前社会大力推行的一种新型养老模式。有条件的社区会构建养老信息平台，探索智慧养老，整合社区多方资源，探索医养结合模式，为老人提供综合性社会服务。综合养老服务中心每月费用在3000~6000元，根据老人自理情况收费不一。相对而言，这种养老机构设立在社区，从场域上减少了老年人的陌生感，也能有效减轻传统养老观念带来的对机构养老的抗拒，使其能够充分享受社区提供的文化类服务，有退休金保障的城市老人更倾向于选择此模式。例如，D社区综合养老服务中心董事长（007）认为："嵌入社区的综合养老服务中心受欢迎，老人在熟悉的社区可以享受社区提供的服务，离家近，孩子可以多来陪伴老人，让老人感觉没有和家人、社会隔断联系。"D社区居委会主任（002）认为："应该建立社区综合养老服务中心，老人平时在社区参加舞蹈、合唱、书法等活动，彼此已熟悉，社区有养老机构，他们可以搭伴养老，减轻孤独感，老人不易排斥。"

二　家庭养老替代模式选择的影响因素分析

社会资本是"实际或潜在资源的集合"，内外资源共同决定了老人养老模式的选择。从内部资源来看，老人的身体状况和年龄成为老人选择养老模式的最大影响因素。传统的养老观念及经济压力决定了自理老人多数选择家庭养老。经济资本决定了老人对养老场域选择的满意度，而文化资本决定了其在养老场域中惯习重构的速度与效果。从外部资源来看，养老场域的干净卫生、环境装修的温馨舒适、养老从业人员的尊重关怀为家庭养老替代提供了可能，家庭社会支持缺乏、情感慰藉不足成为老年人选择机构养老的主要原因。有人（023）提到，"带母亲去考察过不少机构，有的机构有味，有的和医院一样，有的护工冷冰冰的，态度不好"，"这个机构环境好，干净，（饮食）营养搭配好，而且护工们很好，有的时候老人难免和护工有冲突，不管谁对谁错，护工们都认错，老人在这里我们也安心"。惯习决定了老人在养老机构中的生存样态。笔者在调研中发现，机构中有两种完全不同的老人：一种老人积极乐观，不仅能够合理安排个人生活，积极参与机构组织的琴棋书画等社区活动，更能成为机构中各类矛盾的调解器，特别是成为老人间矛盾冲突的调解者；另一种老人几乎放弃生存希望，生命在绝望中消失。D 社区综合养老服务中心护工（013）说道："老人们很不一样，有的老人 90 多（岁）了，每天乐呵呵的，能安排好生活，很有活力；但也有的老人想不开，总是骂孩子，觉得孩子不孝顺，怎么劝都不行。"老人选择机构养老的两种情况值得关注。一是主动无奈的选择，长期的照护压力极易使亲情产生裂痕，老人为减轻子女压力，消解压力产生的冲突，在无奈中主动选择机构养老。如刘奶奶（020）说道："自己主动要求入住，与孩子生活习惯不同，想减轻孩子压力。"二是被动无奈的选择，部分老人因丧失了内外资本，无法抉择个人养老方式，被照护者送到养老机构，在无奈中或放弃，或找寻新的意义。如王爷爷（018）说道："自己做不了主了，孩子要送也没有办法，就怪自己身体不好。既然来了就来吧，想着在离开前做点有意思的（事），希望别太窝囊。"

第四节　完善家庭养老替代模式的路径

一　加大养老福利投入，探索长期照护保险制度

随着各种养老模式的不断完善，养老的经济支出增多，养老的标准也有明显的提高，养老费用和医疗成本给老人带来巨大压力。对此，国家和政府需要进一步完善与落实社会保障政策，加大养老福利投入，探索长期照护保险制度，解决家庭养老替代的经济问题。被访谈者

（021）说道："日本长期照护保险发展较好，老人入住养老机构只需要承担 10% 左右的费用，这样经济压力小。国内基本自费，（老人）经济上压力大。"要提供多元化养老服务，充分考虑不同类型老人需求，使养老服务供给多样化、精准化。如对于七八十岁的老人来说，其身体机能和劳动能力逐渐下降，自理能力弱，生活照料和医疗需求大；五六十岁的老人则刚刚进入退休生活，多数人能够完成日常的生活事宜，而青年一代会选择把有限的家庭资本更多地投向对后代的抚育，相对忽视老人对生活质量的需求和情感慰藉的需要（陈际华、黄健元，2018），这些老人情感和心理上的需求较大，应满足其情感和心理上的需求，在社区举行丰富多彩的老年活动，加强健康教育，推进健康评估与检测，为老人养老模式选择提供外在资源。

二　培育积极惯习，加快内在资源开发

惯习是行动者后天形成的思想、行为和趣味模式，兼具持续性与变换可能性，且能不断重塑自我（阮成武，2019）。改变老年人生存心态，构建积极养老理念，使其将关注点集中在自我尊重、自我爱护、自我实现等方面，发挥自身的社会价值，避免陷入孤独与苦闷，甚至自我放弃的漩涡。家庭、社区及养老机构等不同场域带来的角色冲突对老人惯习的重构提出了挑战。在老人入住机构初始，要帮助老人在特定的机构场域内形塑积极惯习，化解既有惯习与新场域的冲突，使老人通过惯习重构适应场域变化并形成积极的生活方式，避免惯习滞后导致场域转换适应不良。子场域的交错关系对惯习重构也提出了挑战。老人与老人、老人与子女、老人与护工、老人子女与护工构成了不同层次的子场域，惯习的重构能够协调不同子场域冲突，使子场域养老功能最大限度地发挥。既有惯习与新场域不相适应时，老人在旧的惯习作用下对新场域不适应，严重阻碍老人对机构养老的选择。同时，老人因年龄增长、身体机能退化，自主选择的资本逐渐减少，内在资源匮乏，极易产生无力感。

三　丰富养老服务供给，优化养老场域环境

养老机构和综合养老服务中心是特定的机构负责人、护工、老人、老人家属、养老场域环境、养老服务项目、医疗服务等相互关联而表现出各种力量和因素的社会空间综合体（吴银银，2018）。这种相对固定的场域是靠相互关联的各因素所表现出的各种力量维持的，同时也是靠这种力量的不同性质而相互区别的。应优化场域内各因素，提高养老质量，为老人养老模式选择提供支撑。

其一，改善养老场域环境，创造安全、温馨、舒适的养老场域，加强对养老护理人员及管理人员的培训，提高服务能力；积极发挥非政府组织和志愿者的作用，丰富养老场域社会文化活动，为老人惯习重构提供保障。有受访者（022）提出："最看重护工的素质，现在护工缺乏，很多护工都是50来岁的，精力跟不上，希望养老院有更多有活力、受过专业训练的年轻人。"

其二，艺术化地处理养老场域的冲突，特别是老人与老人间、老人与家属间、老人与护工间的冲突，构建和谐、温暖的养老场域环境，提高养老服务质量。研究中发现，老人间常因空间分配不均、电视声音大小不同、开关门动静大等发生冲突，有的甚至会打起来；老人与家属间的冲突也很常见，有的老人打着电话就开始吵，也有家属来看望时吵起来的；老人和护工的冲突也不可避免，有的老人会因护工对他态度不好或者饮食不合口味等投诉护工。在封闭场域，不同主体利益诉求不同，惯习差异较大，自然容易产生冲突，而及时并艺术化地处理冲突是机构管理者和护工的必备能力。

四　优化养老文化环境，构建社会支持网络

"老年人是人口老龄化形势下，国家和社会可持续发展的宝贵资源"（陈际华、黄健元，2018），应转变传统的养老观念，加强宣传，让多元化的养老模式成为我国养老服务的发展趋势。首先，优化养老文

化环境，通过社会舆论和乡规民约的推广，倡导尊老敬老的社会文化风尚。其次，在满足老人基本生活需求的基础上，提供多元化的文化服务，构建社会支持网络，满足老年人的精神慰藉需要。最后，通过开办老年人俱乐部、建立老年人活动中心、开办老年大学，增加文化服务设施，为老年人提供良好的活动和交流场所，促进老年人之间的情感交流，营造良好的社会化养老环境。

第十章　养老诈骗风险：生成
逻辑与化解路径

　　2023 年，央视"3·15"晚会曝光的直播间"苦情戏"、免费寄"评书机"等专门欺骗老年人养老钱的情感戏码，再次把全社会的注意力聚焦到养老诈骗问题上来。养老诈骗通常被定义为诈骗分子专门针对老年群体及其养老需求，借助投资养老项目、提供养老服务、推销保健产品等虚假名目，骗取老年人财产的违法犯罪活动。随着我国老龄化程度逐步加深，老龄人口规模不断扩大，犯罪分子瞄准老年群体实施养老诈骗，已成严重侵犯老年人合法权益，危害国家安全、社会稳定和公共秩序的社会问题。

　　党和政府高度重视老龄工作，打击整治养老诈骗、维护老年人合法权益更是推进我国老龄事业发展和养老服务体系建设的重要内容。习近平总书记多次作出重要指示批示，强调要让老年人共享改革发展成果，安享幸福晚年。《中共中央 国务院关于加强新时代老龄工作的意见》（2021 年）提出：加强老年人权益保障普法宣传，提高老年人运用法律手段保护权益意识，提升老年人识骗防骗能力，依法严厉打击电信网络诈骗等违法犯罪行为。党的二十大报告亦明确提出"依法严惩群众反映强烈的各类违法犯罪活动"。2022 年，由平安中国建设协调小组办公室牵头，中央政法委、中央网信办、民政部等 12 个部门联合开展的为期半年的打击整治养老诈骗专项行动，共破案 3.9 万余起，打掉犯罪团伙4735个，抓获犯罪嫌疑人6.6万余人，追赃挽损308亿元。[①] 打击整治养老诈骗专项行动成果斐然，养老诈骗的社会危害可见一斑。随着养老诈骗治理成为常态化工作，自上而下的专项整治行动短期效果好、成效大，但是难以彻底解决养老诈骗难题，养老诈骗死灰复燃，诈骗形式不断翻新，网络诈骗频发。建立健全源头风险化解的长效机制与社会治理体系，改变养老诈骗末端打击整治的被动状态，对建设"人人有责、人人尽责、人人享有"的社会治理共同体，提升老年人晚年生活幸福感、获得感，具有重要价值和现实意义。

第一节 养老诈骗风险的生成逻辑

对老年人的诈骗、欺凌、虐待等治安犯罪问题具有历史阶段性、文化多元性与全球普遍性（Hentig，1949），养老诈骗却是伴随人口老龄化逐渐加深而新出现的社会问题。养老诈骗受到社会结构变化的影响，是老年人权益受损与养老供给不足的另类表现。

一 养老诈骗是老龄化社会结构性矛盾的外在体现

截至2022年末，我国60岁及以上人口达28004万人，占全国人口的19.8%，其中65岁及以上人口达20978万人，占全国人口的14.9%。[②] 我国俨然已进入中度老龄化社会，将在2035年前后进入重度老龄化社会，呈现未富先老、快速老龄化和老年人口绝对规模巨大三个显著特点。人口老龄化既是社会发展趋势，是人类文明进步的体现，也是引发社会系统性变革的结构性力量。老龄化社会是一种特殊的社会形态，"转向老龄社会是一场人类社会形态的深刻革命"（党俊武，

---

① 《2022年度国家老龄事业发展公报》，https://www.gov.cn/lianbo/bumen/202312/content_6920261.htm，最后访问日期：2024年7月12日。

② 《2022年度国家老龄事业发展公报》，https://www.gov.cn/lianbo/bumen/202312/content_6920261.htm，最后访问日期：2024年7月12日。

2023）。人口老龄化给整个社会的经济发展、消费结构、文化理念、公共政策等带来系统性影响，既有机遇也存在挑战。

从人口老龄化的挑战看，其将减少劳动力的供给数量、加大家庭养老的负担和基本公共服务供给的压力。从人口老龄化的机遇看，人口老龄化促进了"银发经济"发展，增加了老年产品和服务消费，老人养老服务需求不断增加。正是人口老龄化带来的社会影响，导致了老年人数量不断增加与家庭养老功能弱化、养老服务需求增加与养老服务供给不足等结构性矛盾。养老诈骗既是人口老龄化负面影响之一，也是老龄化社会结构性矛盾的外在体现。例如，伴随着经济社会发展与老年人口持续增加，老年人在医疗、保险、保健食品等方面产生了更多的需求，当家庭养老功能弱化、社会养老服务供给不足时，老年人的养老服务需求往往会被诈骗分子利用，成为养老诈骗发生的推手。"随着老年人口结构的变化、空巢老人的增多、老年人经济条件的改善以及老年人活动的增加，老年人被诈骗的风险可能会逐步增加。"（张林等，2017）

人口老龄化与风险社会、信息社会、城镇化等结构性压力叠加，放大了老龄化社会对老年人的不友好，老年群体的弱势进一步凸显。从某种程度上说，养老诈骗是"现代化、技术化和经济进程的极端化不断加剧所造成的"（贝克，2018）。在家庭结构核心化、个体权益自我彰显以及人口大流动等因素的影响下，老年人从家庭获得的支持不断弱化，导致家庭养老风险逐渐增加，家庭的代际矛盾越发显性化。老年人的生活、感情寄托与交往需求难以在家庭内部满足，这为诈骗分子介入老人日常生活提供了便利和可能。再加上老年人对信息技术的使用存在信息鸿沟，网络自我效能感差（刁春婷、曾美娜，2020），养老诈骗呈现出与网络诈骗日渐融合的新特点。王格（2022）认为，大数据时代的电信网络诈骗犯罪呈现出诈骗对象精准化、组织形式集团化、跨地域等新特点，是养老诈骗逐渐增多的重要技术风险源。

二　养老诈骗是养老供给不足的表现

养老诈骗是诈骗分子专门针对老年人养老需求与生活需要实施的犯

罪行为，是一个"诈骗—受骗"的生活事件。诈骗分子往往会借助老年人特有的身心条件、生活环境与养老需求，对老年人采取温情策略并深度介入其私人生活，与老年人产生社会性链接与虚假性社会信任。Mccabe 和 Gregory（1998）的相关研究表明，老年人由于对自身健康、家人安全、经济状况等问题较为关注，常常成为各种诈骗犯罪的被害人。老年人在诈骗行为实施过程中陷入诈骗分子设置的供求满足、互帮互助、互惠共赢等关系陷阱，成为被狩猎的对象和诈骗的客体。如同曹梦甜（2022）认为的，一方面，老年人对健康知识的认知程度往往较低，在看病就医、养生保健等方面存在不少误区；另一方面，老年人确实对诈骗特别是新型诈骗缺乏辨别能力，存在防骗意识低和能力薄弱的问题。

在"诈骗—受骗"的关系互动中，老年群体更容易成为诈骗对象。老年人的认知能力不足、身体机能弱化、自我效能感降低、社会疏离感等心理认知被认为是其容易受骗的内在原因。在老年人的个人特质中，认知能力起着非常重要的作用。Judges 等（2017）认为，衰老导致中老年人认知能力下降，大脑的衰老增加了他们受骗的可能性和受骗的金额。在非认知能力特征方面，Lichtenberg 等（2013）发现，除心理脆弱外，其他晚年事件（退休、守寡、残疾、配偶或密友死亡）也会导致孤独和社会孤立，从而可能会导致社会认知能力下降。在具体的诈骗事件中，老年人的自身特质、养老需求与生活环境等，构成诈骗分子加以利用的素材和工具。在某种程度上，老年人甘于被诈骗分子"围猎"是因为，诈骗与受骗的行为互动深深嵌入老年人的生活世界和养老服务场景之中，甚至根植于老年人社会心理空间与情感需求满足过程。

第二节　养老诈骗风险的影响

风险是人类社会的伴生物，"是关于不愿发生的事件发生的不确定性之客观体现"（Willett，1901）。但是，现代社会的风险有其自身特征与运作逻辑，且形成了乌尔里希·贝克（2005）所宣称的"风险社会"这一特殊社会形态。现代社会的风险最基本的特点就是人为性与制度化，是"集体的不负责任"的产物。现代社会的风险是结构性风险，更是现代社会本身的风险，"人类引以自豪的知识以及有关知识的决策、工业和技术的进步，使整个人类被置于不可控制的风险之中"（屈群苹、杜劲蕾，2022）。不同类型的风险交织、互相影响和难以彻底根除是现代社会风险的最显著特点之一，养老诈骗风险也不例外。在各种风险层出不穷的现代社会，养老诈骗风险与金融风险、道德风险、健康风险、信任风险等其他风险交织。养老诈骗是法律问题，也是社会与道德问题，是弱势的老年群体在老龄化社会中合法权益的消解，更是人口老龄化进程给经济社会发展带来的风险挑战之一。老人安则家庭安，家庭安则社会安。养老诈骗对老年人日常生活与社会秩序的负面影响与危害日益凸显，对"个体日常生活—家庭关系结构—社会稳定基础"三个层面产生负面影响。

一　老年人个体日常生活失序

一般意义上的"日常生活"即人们习以为常的、无需思考的生产生活方式和生活态度。人们在日复一日的生活实践中，会形成结构化生活模式，日常生活内容与人际关系网络、人生价值意义等交织在一起形成生活秩序。老年人的日常生活秩序是老年人日常生活内容的结构化模式，是日常生活的情境化规则与行动逻辑的社会呈现。具体而言，在老年人日常生活中，会形成以养老需求为核心，勾连情感需求、日常消费、社会交往、健康服务等内容的养老服务价值体系、关系网络与行动路径。在老年人的日常生活中，养老生活逐渐模式化与秩序化。

当诈骗分子短暂性介入老年人日常生活，成为老年人生活世界中的利益相关者时，会改变老年人原有的生活秩序。诈骗行为导致老年人原有生活秩序崩塌，给老年人的生活生计、身心健康、自主意识、生命财产安全等带来诸多显性影响与隐性风险。如同 Letitia（1986）指出的，"老年人因犯罪侵害而遭受的经济损失一般并不比年纪较轻的人严重，但考虑到老年人相对较低且固定的收入，绝对的经济损失并不能准确反映老年人被侵害的后果。老年人被侵害的相对经济损失往往更严重"。财产损失、经济受骗会对老年人养老需求、养老安排、消费习惯等产生根本性影响，导致其无法继续完成日常生活的再生产，甚至日常生活生计都成问题。养老诈骗给老年人带来经济损失与精神伤害，也会破坏老年人及其家人的社会关系，是对老年人合法权益的损害，更是对老年人生活秩序的破坏。

二 老年人家庭关系结构受损

家庭关系结构是指因家庭成员之间交往而形成的结构化、系统化、秩序化的关系网络、情感逻辑与行为模式。家庭关系结构反映的是家庭成员之间的权利与义务关系、家庭事务安排逻辑与家庭政治制度化方式。在中国的传统社会中，围绕家庭开展生产生活是最基本的生活逻辑，以家庭和亲属关系为核心的"大家庭"是复杂化的关系结构。对于城市化、工业化、消费主义等现代社会结构力量给传统家庭关系结构带来的冲击，学界产生了两种截然相反的研究结果与观点。一是家庭关系"逐渐弥散"论。家庭成员减少、家庭规模小型化、家庭结构简单化等都是家庭结构松散化的表现。中国的家庭模式，转换到独居或夫妻二人为主的家庭模式，反映了社会转型期我国家庭结构和居住模式的变化（杨舫，2021）。聚焦到养老领域，社会化养老逐渐替代家庭养老，既是家庭关系结构逐渐弥散的表现，也进一步消解家庭原本早已松散的关系结构。费孝通先生总结的传统社会"代际反哺式养老"早已不复存在。"居家为基础、社区为依托、机构为补充"的普适性养老服务体系，已成为中国现代社会养老的基本范式和家庭养老关系结构的替代逻辑。二是家庭关系"重新紧密"论。虽然家庭主义逐渐被个体主义替代，家庭结构逐渐核心化，但家庭存在的核心意义与家庭养老的基础性作用依然没有改变。"回归家庭"已然成为个体规避社会风险、寻找安全感与情感归属的最后选择（Yan，2021），老年人也不例外。依靠家庭养老、在家庭中养老、与家庭一起养老是当下老年人养老的主要选择。"新中国成立70年来，家庭结构总体呈小型化趋势，但在改革开放后，核心化趋势并没有进一步强化，传统直系家庭、三代及以上户仍然占有一席之地。"（汪建华，2019）

　　无论是家庭关系弥散还是紧密，当老年人"钱袋子"被掏空后，原先稳定的养老资源被切断、稳定的养老方式被破坏，老年人的养老关系结构受损，如何自我养老、如何重新找回家庭话语权、如何获得家庭养老资源与服务等现实问题往往是受骗老年人难以承受之痛与家庭需要重新面对的事务安排。养老诈骗给老年人家庭及其成员带来的经济损失，既可能导致家庭关系破裂、家庭功能失调等诸多潜在或现实风险，也会给老年人带来丧失家庭话语权、经济无法自主、家庭生活依附等主体性困境。老年人因受骗而自责与健康受损、家庭亲属的责备或埋怨，会给原先稳定的家庭情感关系结构带来冲击，家庭矛盾不断、家庭危机四伏已成为诸多养老诈骗事件的后果。

三　社会稳定基础遭受侵蚀

　　社会稳定是国家良性发展的前提，是满足人民美好生活需要的基础。社会稳定的含义多样，一般来说主要是指经济、文化、政治等不同社会系统处于协调有序、动态平衡的连续运行状态。"在整个社会大系统中，政治稳定、经济发展和文化认同又是维系社会稳定的根本要素，这些要素决定着整个社会的稳定性状态。"（王文章，2021）养老诈骗是嵌入法治认可、社会信任、政治认同、经济发展等中的涉及国家安全、社会安定、人民安宁的社会治安问题，也是引发广大群众关注、危害弱势老人合法权益的社会问题与道德问题。随着我国社会主要矛盾转化为人民日益增长的美好生活需要和不平衡不充分的发展之间的矛盾，防范化解社会风险成为推进国家治理体系和治理能力现代化的一项长期战略任务；依法严惩群众反映强烈的各类违法犯罪活动，是完善社会治理体系、提升社会治理效能的制度安排。

养老诈骗给国家治理能力与法律权威、社会信任维系、养老产业发展、金融市场稳定等带来挑战，是破坏社会稳定的"顽疾"。养老诈骗引发的政治、道德、信任等衍生风险，如涉稳风险、冲击社会道德底线的极端事件以及社会信任下降等，是养老诈骗危害社会稳定的隐性或显性负面后果。养老诈骗风险及其治理是一个从个人问题到社会问题再到政策问题的问题化过程，也是逐步进入公众议程与政府议程的政策行动。养老诈骗给社会稳定带来的风险如得不到及时排查与防范，会导致小问题变大问题。

第三节 养老诈骗风险的化解路径

随着养老诈骗治理成为常态化工作，建立健全源头风险化解的长效机制迫在眉睫。构建"家庭关爱—社区帮扶—社会治理"融合的多层次社会防范体系，实现养老服务供给与养老诈骗防范的有效融合，是从源头上防范化解养老诈骗风险的有效路径。

一 优化多元主体参与的社会治理结构

多元主体参与是社会治理系统与治理能力现代化的有效机制。共建共治共享的社会治理新格局离不开多元主体的共同参与，养老诈骗风险也需要多元主体协同防范化解。在养老诈骗治理过程中，既有党委领导、政府负责、社会协同与公众参与的治理格局与治理机制的有利条件，也存在政府自上而下的专项整治行动难以充分动员社会力量参与、公众参与积极性不高、治理效果不可持续等实践困境。构建自上而下与自下而上相衔接的养老诈骗防范系统，需要优化政府主导推动、多元主体参与的社会治理结构。

一是改变社会力量作用模式。养老诈骗带有事前隐秘性与刑事犯罪特征，主要由政府相关部门加以事后惩治与侦办。社会组织、社区居委会、公众、家庭等社会力量在政府推行的养老诈骗治理模式中，主要以养老诈骗手段和防骗技术宣传与养老诈骗犯罪信息提供两种方式协助政府治理与打击犯罪，处于从属性地位，扮演协助性角色，作用发挥空间有限。助推养老诈骗可持续治理，需要改变社会力量作用模式与角色定位，扩大社会力量作用发挥空间。在确定党委领导、政府负责的前提下，既要改变事后整治与犯罪惩治的政府自上而下的行政化、法治化的单一治理模式，形成事前预防、社会自我治理、道德防范等治理范式融合的法治、自治、德治"三治"体系，提升前端预防与社会治理的作用地位，也要把老年人生活关爱、老年人养老需求满足与老年友好型社区建设、社区生活共同体营造等纳入社会力量作用范畴，以降低养老诈骗事件发生的可能性。

二是拓宽社会参与渠道。在政府主导的自上而下的养老诈骗治理模式中，行政化力量主要通过进社区宣传、典型案例警示、养老诈骗举报等渠道建立与基层社会的关联。这种自上而下的信息收集方式与关系建构模式，很难获得社会力量的积极响应。社会组织等治理主体被纳入诈骗信息接收与反馈渠道，无法真正进入养老诈骗治理场景与防范进程。应通过组建基层政府、企业、社区居委会、居民、老年人等多元主体共同参与的社区养老诈骗防范联盟，组织以老年人为主体的养老诈骗防范经验分享会，强化社区驻区单位联席会在养老诈骗防范中的作用，举办提升老年人社会生活参与能力的培训班等，让养老诈骗防范的政策与技术落地社区，使养老诈骗治理变成老年人的家庭生活事务，畅通群众与社会组织等主体参与治理渠道。

二 构建以社区为本的社会治理网格

随着网格信息技术的发展和应用，加强网格化治理是新时代构建基层社会治理新格局、推进基层社会治理现代化的重要举措。社区网格治理作为对属地治理和服务的兜底机制，是以社区"网格"单元的建构为逻辑起点，依托网格信息平台，使网格居民参与社区权力运行和社区事务管理，从而实现部门联动、资源共享和公共服务优质高效的一种新型基层社会治理模式（蔡玉卿，2018）。社区网格治理可以实现政府、企业、社区居委会、居民等多元主体的协商式参与，也可以在服务供给、信息传递、资源输送等方面构建出"横向到边、纵向到底"的精准化管控渠道。社区网格治理已成为基层社区治理现代化通用模式，其在实践中展现出的服务精准化、责任具体化、管控科学化等独特优势为防范化解社区养老诈骗风险提供了切合路径。

一是强化社区网格的养老诈骗防范功能。现有社区治理网格将社区分为不同单元，形成特有和相对独立的功能单元，从而使社区治理全面覆盖。网格化治理可以精准把握不同网格内家庭状况、人口组成、社区活动、老年人养老需求等社区信息，也可以借助已有的治理网格传递政府信息与居民需求。周连根（2013）从维护社会稳定的角度分析了网格化治理的价值，认为网格化治理将管理对象和责任进行精细划分，对于维护社会稳定有着不可替代的作用。借助已有社区网格治理路径与参与主体，既可以收集与老年人养老需求、养老服务相关的信息，也可以把政府防范养老诈骗宣传信息与指南、社会组织养老服务项目等相关信息传递到社区老年人家庭。

社区防范化解养老诈骗风险是现有社区治理网格中为老年人服务的重要一环，需要强化社区网格的养老诈骗防范功能，把养老诈骗防范与养老服务供给融合。例如，借助社会服务机构、老年大学等正式社会组织，通过传播防诈骗知识、金融投资知识等，提升老年人防诈骗意识与能力。让现有社区治理网格成为养老诈骗治理的辅助工具，让养老诈骗宣传成为社区网格的治理内容。

二是构建养老诈骗防范社区网格。在原有社区网格基础上，构建以老年人为主体、以社区为载体、社区积极分子与社会工作者等积极参与、以养老诈骗防范为核心功能的社区网格，建立常态化社区养老诈骗防范组织。社区居委会既可以承接基层政府自上而下的养老诈骗治理任务，也可以动员辖区内居民积极分子、社会组织等力量，宣传养老诈骗政策、服务老年人需求，搭建社区反诈骗组织体系，构建社区养老诈骗防范体系。借鉴武汉、厦门等地社区反诈骗联盟的经验，广泛动员社区党委、网格党支部、楼栋党小组、党员中心户以及社区企业、居民、社会工作者等多元主体，构建"社区—网格—楼栋—单元"四级反诈网格，打通社区反养老诈骗的"最后一公里"。

三 扩展以老年人为中心的社会关系网络

传统社会以差序格局为核心的人际交往模式与社会关系结构逐步瓦解已成社会现实，但是以血缘、地缘、业缘、学缘等为基础而延展、构建出的差序性关系依然是现代社会基本的人际交往纽带之一。"在变迁了的中国当代社会，差序格局得以延续，但其内容和取向都发生了变化。在父系血缘关系之外，姻亲、拟血缘关系、地缘和业缘关系得到开发。"（柴玲、包智明，2010）利用当代社会新的自我关系格局，可以在建构与强化以老年人为中心的社会关系网络中实现养老需求满足与诈骗防范指引的实践融合。

一是优化老年人关爱服务的家庭供给。关爱老年人，满足其养老需求，既需要全社会的积极参与和持续投入，也是老年人家庭成员应该履行的家庭责任与道德义务。家庭关爱的缺失既是当前老年人关爱服务体系不完善的表征，也是老年人养老需求难以满足的重要原因。家庭作为老年人养老的主要场所，需要发挥满足老年人养老需求的基础性作用。诸多的养老诈骗事件揭示出，老年人心理、生活等诸多现实需求得不到满足是养老诈骗事件频发的社会因素，诈骗分子的感情攻势与温情策略是引发老年人上当受骗的主要手段。以老年人及其家庭成员的个人社会关系网为依托，优化老年人关爱服务的家庭供给，增强老年人在家庭关系中的满足感、获得感与价值感，是防范养老诈骗事件发生的家庭"温情"策略。

　　二是构建以老年人为中心的自我防范网。政府治理、社会组织指导与社区宣传固然重要，但是诸多治理主体是作为一种外在力量以动员方式介入老年人诈骗事件的，老年人主体作用难以充分激活，老年人自身的社会关系网难以彻底完善与充分动员。随着老年人的身体机能退化、社会流动范围受限与社会关系网缩小，老年人会围绕家庭分工、社区组织、兴趣爱好、同学友谊等建立新的交往圈层，构建出一种新的差序格局与主体参与结构。老年人建构新的交往圈层与关系格局会给老年人自身的兴趣爱好、知识获得、情感满足、生活照料等带来诸多影响，也是养老诈骗事件发生的重要原因之一。充分利用老年人已有社会关系网，积极发挥老年人主体性作用，建构以老年人、家人、邻居、朋友等为主体的养老诈骗自我防范网，是防范养老诈骗事件的重要社会机制。

第十一章 机构养老服务：意外风险及其文化应对

近年来，机构养老获得长足发展，为社会提供了大量优质养老服务，更好地满足了老年人的美好生活需要，在社会化养老服务体系中发挥着越来越重要的作用。然而，不可否认的是，机构养老在发展过程中仍面临诸多亟待解决的问题，意外风险高发是其中之一。在新闻报道中，时常看到老年人在养老机构遭遇各种意外，引发社会各界的关注，对机构养老的社会形象产生了一定负面影响，让一些家庭和老人对机构养老望而却步。机构养老意外风险的特点，以及如何有效应对，以保障养老机构正常运营，促进机构养老乃至社会化养老的健康发展，是本章的主要内容。

第一节 机构养老意外风险相关研究与研究方法

一 已有研究述评

本章中的机构养老意外风险是指，老年人在养老机构内接受养老服务过程中，因疾病、跌倒、冲突等各种突发状况导致意外伤害的情况及其处理过程引发的次生风险。机构养老意外风险高发，导致老人与养老机构存在矛盾冲突、诉讼纠纷的案例屡见不鲜，这已引起学术界重视，学者开始从多个层面研究此问题。

从意外风险的外在形式看，张银华等（2015）对机构养老中常见的走失、烫伤、触电、火灾，意外跌倒，坠床，噎呛等五类意外事故依次展开分析，有针对性地从硬件设施、医药、护理人员操作等方面提出了部分预防对策。邹华和马凤领（2014）从多个角度对机构养老意外风险进行了分类，并对意外风险进行了聚类分析，有助于更清晰地认识意外风险的影响。还有诸多研究是针对某一类型的意外风险，例如火灾、老人跌倒等，开展了具体而深入的分析，这类研究主要从硬件设施、硬件使用制度、老年人健康状况等方面着手，具有较好的可操作性。

以上研究主要沿用医学、管理学等视角对机构养老意外风险展开分析，但是养老不仅是健康、经济、管理类问题，也是重要的社会学研究议题，需要重视其中各行动主体的价值观念、行为特点、遵守的制度特征等。因此，众多学者也从社会文化角度对此开展了深入研究。

首先，从整体上看，风险内含一种文化维度，可以称之为风险文化。道格拉斯把风险文化视为分析社会问题的方法之一，认为文化包含价值、规范与信仰，人们对风险的认知和应对策略不同，风险是文化认知呈现的结果。在现代社会，风险其实没有增多，但是被察觉、被意识到的风险增多了，因此看似风险增多了（张宁，2012）。可以说，风险是社会性产物，是由不同文化交织呈现的，每一种文化都会强调某种风险，而忽视其他风险；每一种文化都是一种独特的态度，都有独特的价值，可以表现为制度的分歧（鲍磊，2016）。与道格拉斯的理路不同，拉什提出了作为自反性现代化理论后果的风险文化理论，认为现代风险是一种心理认知和主观意识的结果，其解释因文化背景而异。为应对现代风险，拉什提出以价值理性为中心进行文化主义式的风险规避，即"通过象征性的理念和信念等风险文化来防范、规避和化解风险"（张广利、陈盛兰，2014）。

其次，机构养老意外风险处理过程伴随着诸多文化因素。意外风险会给养老机构带来除风险本身之外的未知风险，为了尽快处理完，养老机构通常愿意息事宁人，按照"风险最小化"原则处理（刘利君，2016）。但是，这一想法往往因其他主体想法不同而难以如愿，机构养老意外风险的处理过程包含很多文化冲突，比如不同主体的风险归责逻辑不同、家庭关系的复杂性影响风险处理效率等（谢培熙，2020）。

从风险预防的角度来看，文化方式可以减少风险的发生。已有研究主要从系统化的制度建设方面来论证这一问题，最具代表性的观点是养老行为、养老风险等应该由政府、养老机构、社区、老年人家庭等多元主体共同决策、共同分担（刘燕，2016），以制度化的方式形成明确的应对机制，使意外风险处理简易化。

综上所述，机构养老意外风险研究仍处于起步阶段，意外风险高发及其应对困境与社会对机构养老的文化转型认知不明确有较大关系。深入研究机构养老意外风险的文化特征，对于重新审视意外风险发生的社会文化背景，预防、应对意外风险具有重要的理论意义和现实意义，本章即致力于这一目标的实现。

二　研究方法

本章以山东省济南市为例，研究机构养老意外风险，辅之以其他地域有代表性的案例。作为人口大省，山东省老龄化水平较高。第七次全国人口普查数据显示，2020 年山东省 60 岁及以上人口为 2122 万余人，占全省总人口的 20.90%，65 岁及以上人口所占比例达到 15.13%，是全国老龄人口最多的省份，面临较大的养老压力。济南市作为山东省省会城市，社会经济发展态势好，机构养老起步较早，发展相对成熟，实践内容丰富，案例素材较多，可以有效支撑研究需要。本章也可为济南市机构养老发展及意外风险预防提供现实参考，助力地方发展。具体而言，本章主要采用以下研究方法。

文献研究法。第一，系统梳理国内外关于机构养老意外风险和养老文化转型的理论成果和研究范式，作为研究的理论基础和参照。第二，深入研究各级政府出台的社会养老政策文件、统计资料等，从养老服务

体系规划到具体的支持政策，为本章研究提供方向性指导。第三，广泛
收集各养老机构在服务实践中形成的制度性文件和服务记录等，作为研
究的实践资料。此外，本章研究非常重视新闻媒体对机构养老意外风险
的相关报道，借此探寻机构养老各行动主体对待意外风险的态度及其行
为选择。

深度访谈法。对相关政府部门工作人员、养老机构管理人员及护理
员、养老机构所在社区工作人员、老年人及其家属、在风险应对中具有
重要作用的其他专业技术人员等进行深度访谈，了解各行动主体的观点
和行动逻辑。

观察法。深入济南市各养老机构服务实践中，实地考察养老机构预
防、应对意外风险的硬件设施、制度建设、实际做法等，从中感知机构
养老意外风险发生的具体情境。

典型个案法。采用判断抽样方法，分类选取不同养老机构中的意外
风险案例，进行深入剖析，详细了解其发生、处理、协商、善后等动态
连续的具体做法，从鲜活、生动的个案中探寻机构养老意外风险的文化
应对之策。

第二节　从家庭到社会：养老文化的演变脉络

家庭养老文化向社会养老文化转型，是养老机构意外风险发生的整
体文化背景，只有清晰地认识这一转型，才能精确定位机构养老意外风
险的文化特征，并提出相关对策。

一　家庭养老文化向社会养老文化的变迁

家庭养老文化是我国传统养老文化的主要类型，是以家庭养老模式
为基础形成的一个文化体系，具体体现为"养儿防老"，其中较具代表
性的文化概念有"孝""顺""慈"等。家庭养老文化体现的养老行为

是家庭生活的一部分。第一，从老年人的角度看，家庭养老是原有生活的延续，老年人生活在自己熟悉的环境中，基本延续原有生活方式，享受子代提供的养老服务，包括物质支持和精神尊重。这是老年人评价自身幸福感、避免绝望感及与其他老年人横向比较的基础，老年人将此种生活视为天伦之乐，悠闲自得的老年生活是老百姓追求的生活目标之一。第二，从子代的角度看，养老是家庭责任传递的过程，老年人逐渐放下家庭重担，由子代承担。子代的养老行为是对孙代的示范，是孙代今后养老行为的预演。第三，从社会的角度看，家庭养老具有重要意义。家庭养老以家本位文化为基础，是"家—国—天下"体系的重要一环，家庭养老中的众多原则也被推广到社会公共生活中，比如"孝"关系被推广到师徒、上下级、君臣之间等，家庭养老文化与传统社会文化具有高度的内在一致性，在社会伦理、制度等体系中具有重要地位。因此，家庭养老在传统社会中被看成天经地义的事。

但是，我们也应该意识到，家庭养老不是传统社会唯一的养老形式，机构养老在我国也具有非常悠久的历史。我国最早有明确记载的机构养老出现于公元521年南朝梁武帝设置的孤独园，其主要功能之一是收养无人赡养的老年人；此后，唐宋明清时期均延续发展了类似的机构养老形式，但是保障水平低，功能有限（张仙桥、李德滨，2011）。传统社会的机构养老，一方面是对尊老爱老等观念的宣传；另一方面主要是作为家庭养老的补充，赡养孤寡老人。因文献记载有限，对于古代机构养老文化难以获知全貌。

养老文化并非一成不变，而是伴随社会整体变迁逐渐演变。第七次全国人口普查数据显示，2020年，60岁及以上人口达到2.64亿人，占总人口的18.7%，相较于2010年，短短十年间，上升了5.4个百分点。庞大的老年群体和较高的老龄化程度，促使全社会开始关注养老问题。老龄化仍在加剧，同时，少子化导致的"421"家庭结构、与人口流动加剧相伴随的空巢化等客观现实，使人们逐渐意识到，完全依靠家庭养老已无法满足老年人的养老需求，包括机构养老在内的诸多社会化养老方式成为应对养老压力的现实选择。在这种形势下，社会养老文化作为一种新型养老文化，成为社会化养老背景下的现实需要。2006年，国务院办公厅转发《关于加快发展养老服务业的意见》，提出建立和完善"以居家养老为基础、社区服务为依托、机构养老为补充的服务体系"，机构养老从此快速融入整体养老文化；2011年，《中国老龄事业发展"十二五"规划》中提出"建立以居家为基础、社区为依托、机构为支撑的养老服务体系"，养老机构在养老文化建构中的作用进一步增强；2022年，国务院印发《"十四五"国家老龄事业发展和养老服务体系规划》，提出健全居家社区机构相协调、医养康养相结合的养老服务体系。机构养老的定位虽有所变化，但是整体来看，"居家社区机构相协调"将机构养老的重要性提到了前所未有的高度，也需要以此为基础探索社会养老文化。养老机构不仅是养老场所，也是养老服务主体，家庭、社区、机构的养老合作已成为社会化养老的重要支撑。

二 养老文化变迁与机构养老意外风险

养老方式、养老文化、养老风险三者具有深刻的内在联系，养老文化是认识养老方式与养老风险的中介。帕森斯（Parsons，1951）认为，文化是行动者内化的价值规范，是社会结构的意义系统。养老文化，比如"孝"，可以直观地反映一个社会、一个区域认可的养老形式、养老责任、养老义务、养老理想等。风险可以理解为"以系统的方式应对由现代化自身引发的危险和不安"，这些"未知的、意图之外的后果"甚至成为历史和社会的主宰力量（贝克，2018）。

在家庭养老文化向社会养老文化转型的过程中，机构养老意外风险产生的文化背景已发生转变，对这一风险的认知方式应适应从传统的家庭养老系统到现代社会化养老系统的转变。转变过程中各主体之间的冲突是引发机构养老意外风险的文化原因，从这一框架出发，有助于分析机构养老意外风险的文化特征。

第三节 机构养老意外风险的文化特征

从风险文化的角度看，机构养老意外风险是各行动主体文化之间的冲突，从具体冲突案例出发，可以发现机构养老意外风险具有一些明显的文化特征。

一 脱嵌与风险显性化

"脱嵌"发源于经济社会学，本章所说的脱嵌与重构是指养老行为在从家庭转移到机构的过程中，一些文化因素脱离家庭场域并在养老机构内重构为新型养老文化的过程。

在家庭养老文化中，养老嵌入日常家庭生活中，老年人生活在自己的家庭里，一般是由子代照顾其生活。这是老年人原有生活的延续，是传统道德观念的要求。在社会养老文化中，部分老年人从家庭中脱离出来，搬至养老机构，结合养老机构各种制度重构一种新的生活，老年人生活开始由护理人员照顾，原本的陌生人走进老年人个人生活中。对于老年人来说，他们年轻时很难想到会到养老机构生活，这种脱嵌不仅包含日常生活，还包括感情、精神寄托和价值观念的部分抽离。两种生活方式具有很大差异，分属不同的文化类型，从家庭的习惯式生活转变为机构的规则性生活，从家庭的亲密关系转变为机构的工作关系。

在从家庭到机构、脱嵌与重构的过程中，单纯从技术视角看，与原有家庭养老模式相比，机构中有专业养老设施、人员和服务，有相对完备的照顾制度、应急预案，医养结合机构还拥有医护人员，老人发生意外风险的概率理应明显降低，然而现实中意外风险问题却似乎变"多"了，其实这与养老生活从家庭脱嵌导致的风险显性化有直接关系。

在家庭养老环境中，子代对老年人的全部生活负责，包括应对意外风险的责任，如治疗、陪护、丧葬等完全由子代承担，是一种完全责任。从社会层面看，子代与老年人具有血缘/亲缘关系，是老年人的继承人，是老人照料最放心的人选。当老人发生意外风险时，外界仅仅将之归结为意外，一般不干预家庭养老，不会追究责任，此时发生的意外风险仅仅被认为是老人老去的结果，风险被年老掩盖了，在一定程度上避免了被外界关注。

在机构养老环境中，子代或其他家属委托养老机构照顾老年人，老年人意外风险的规避成为合同约定内容和服务目标。老人一旦发生意外风险，风险直接呈现于专业服务机构，呈现于养老职业场域的组织管理中。家属在亲情和契约责任驱使下与机构管理者交涉时，风险很可能会呈现于公共视野，使人们误认为机构养老风险过高，意外风险得以显性化。

二　风险的集中性

如前所述，在机构养老中，意外风险从家庭脱嵌，而在养老机构得以显性化，这也可以理解为养老意外风险向机构集中，体现为风险的集中性，包括风险发生地域的集中性和风险发生概率的集中性。

从机构养老意外风险发生地域的集中性来看，意外风险从家庭转移至养老机构，是养老场域的转变。排除技术、管理、硬件等因素影响，单就这一点来说，机构养老意外风险的集中性只是风险发生地点转移的结果，风险由原本分散在各个家庭中转变为集中于养老机构。

从机构养老意外风险发生概率的集中性来看，意外风险发生概率高的老人更容易选择机构养老。生活能自理老人意外风险发生的概率较低，而失能/半失能老人生活中意外风险发生的概率明显较高。与此同时，两个老年群体选择机构养老的概率不相同。从第七次全国人口普查数据看，全国入住养老机构的老年人只占老年人口的0.73%，并且健康状况越差，入住养老机构的比例越高，生活不能自理老人入住养老机构的概率是健康老人入住养老机构概率的41.5倍（乔晓春，2022）。因此，目前国内养老机构居住的老年人本身就是意外风险高发群体，这使机构养老意外风险的集中性进一步增强。

三 生活习惯与机构规定相冲突

养老机构是老年人集体生活的场所，具有严格的集体行为规范，且会在老人入住时及入住期间告知老人。但是，部分老人并未给予重视，也没有刻意适应养老机构规定，很多行为表现与机构制度不符。

如 AS 机构一失能老人喜欢吸烟，但是养老机构不允许在室内吸烟，经协商，当护理员不忙时用轮椅把老人推到院子里吸烟。但是老人烟瘾较大，一次在房间里悄悄吸烟，引燃了裤子，导致轻度烧伤。

老年人不适应机构养老，把一些生活习惯从家庭带到养老机构，机构生活与家庭生活的不同放大了这些习惯的影响。如 SG 街道敬老院委托某养老企业运营管理，已完成升级改造，生活环境良好，按相关政策集中供养着部分特困老人，两位老人住一个房间。该敬老院工作人员说："最担心的是老人打架，很多老人一辈子没结过婚，一个人生活习惯了，和别人住，接受不了……有的老人把另一个人的东西扔出去了……"

四 风险信息不对称

家庭养老文化和机构养老文化是两种不同的文化类型，信息在其中的流动路径不同。调查发现，在机构养老意外风险发生至处理的全过程中，养老机构和老人/老人家属之间存在明显的信息不对称，这种信息不对称不仅提高了意外风险发生概率，而且增加了风险处理难度。即使双方开诚布公地交流，仍然可能存在信息不对称。这种不对称可以分为风险点信息的不对称和风险过程信息的不对称。

（一）风险点信息的不对称

从养老机构的角度来说，养老机构对老年人风险信息的掌握程度直接关系到预防意外风险的效果，养老机构制度建设的目标之一是建立完整的信息库，实现这一目标需要养老机构和入住老人进行充分有效的信息沟通。然而，在收集老人风险信息的过程中，一些老人及其家属由于不重视或其他目的，有意无意地隐瞒了部分信息，从而导致养老机构对老人风险信息掌握不全，给预防意外风险带来了困难。例如，YS 机构一位老人患有严重抑郁症，入住时老人及其家属均未提及此病史，养老机构也缺乏专业力量去识别该疾病。该老人某天情绪低落，悄悄割腕自杀，经 120 抢救脱离生命危险，但是对于养老机构来说，这是一次严重的意外风险事故。

从入住老年人的角度来说，老年人对养老机构的风险信息同样缺乏了解。不同于对家庭环境的熟悉，老年人对养老机构环境感到陌生，对机构的风险信息了解不足。为解决这一问题，养老机构一般会明确告知老年人生活环境中的风险点，并在风险高发区设置明显的警示标志，例如卫生间防滑、楼梯防跌倒。但是，这些措施并不能完全消除意外风险，这与老年人的风险认知方式有关。养老机构的风险提示是逻辑性的，而老年人对风险的认知是体验性的，对很多风险点没有明确的感知。例如，养老机构提示过老人"地面湿滑，谨防滑倒"，并提示老年人别前往该区域，但是在访谈中发现，老年人有时会理解为"这容易滑倒，需要小心"或者"别人滑倒过，我不一定滑倒"等。而当老年人真正体验到具体的风险点时，意外风险也就发生了。

（二）风险过程信息的不对称

在家庭养老中，一旦老人发生意外风险，风险过程对于家属来说是透明的。家属全方位关注老年人生活，意外一般发生在家庭环境或者邻里环境，目击者大多是可信任的人，家属可以得到意外风险的全方位信息。而在机构养老中，老年人意外风险发生在养老机构，风险过程对于家属来说不可见。意外事件涉及的地点、人员、服务等信息均由养老机构掌握，与家属形成空间隔离，养老机构与家属在面临责任纠纷和赔偿的情况下，难以相互信任。

在风险处理过程中，养老机构为证明己方尽到了照护责任以及老年人自身具有责任，往往会提供服务记录、护理员陈述记录，而在家属看来，这些可能是机构为减轻责任进行的自我辩解，难以相信养老机构说法。即使养老机构提供了意外发生时的监控信息，也只能还原意外发生过程，难以说明意外发生相关的管理、服务、心理等因素，难以消除家属对意外"深层"原因的怀疑。

五　污名化

"污名化"一词进入社会科学领域，得益于戈夫曼和埃利亚斯各自的研究，该词常被用于研究弱势群体遭遇的不公正文化对待。在机构养老发展初期，各方均在探索阶段，机构、老人、家属等均可能成为弱势群体，均可能面临污名化风险，这与其他领域中存在"固定"弱势群体的现象大相径庭。有学者已对机构养老中的污名化现象展开研究，如焦若水和马治龙（2020）发现人们对老人入住敬老院的反对导致敬老院的污名化，同时使老人子女承担"不孝"的污名，导致农村公办养老事业发展陷入被动。

污名化对机构养老意外风险的社会评价和处理过程产生了很大影响。老年人是弱势群体，机构养老老年人较之普通老年人更显弱势，一旦发生意外事故，老年人受到伤害，养老机构容易背负"虐待老人""不道德"等"莫须有"罪名。调查中多个案例表明，在意外处理过程中，老人及其家属时常从"尊老爱老"等立场出发，对养老机构进行道德质疑，其他人也常常从保护弱势群体的角度出发对养老机构形成污名化看法。

养老机构意外风险的污名化，在很大程度上源自养老这一行为在传统文化中的道德性。中国传统文化认为"百善孝为先""老吾老以及人之老"，养老被赋予了很强的道德属性，不孝、虐待老人是道德审判中的"重罪"；养老机构为塑造自己的良好形象，借用传统文化进行管理和形象塑造，极力强调机构养老与家庭养老无异，这进一步强化了养老行为的道德属性。因此，当机构养老出现意外事故时，人们习惯于以家庭养老中的不孝行为类比机构养老中的意外风险，而且据此质疑机构养老维持的"孝心"形象。

污名化使意外风险的处理过程超出了风险本身，使之进一步复杂化，而且可能使社会形成对机构养老的不恰当认知，是机构养老意外风险的重要文化特征之一。

第四节　机构养老意外风险的文化应对

机构养老意外风险是伴随家庭养老向机构养老的转型过程发生的，对其文化特征的认识及应对应以社会转型基础上的文化转型为基础。从风险文化视角出发，有针对性地进行文化应对，可以避免部分意外风险发生，并且使风险处理更加简易、顺畅。

一　宣传机构养老文化，促进公众接纳

可以向公众适度宣传老龄化现状和机构养老的重要作用，使公众认识到机构养老的必要性，认可机构养老的发展，培育公众对机构养老的理性公共情感，降低污名化机构养老的可能性。

二　认清机构养老和家庭养老的文化差异，减少风险发生

总结归纳机构养老和家庭养老各自的文化特征，尤其是机构养老的制度文化特征，比较机构养老和家庭养老的文化差异，促进潜在客户群体提前了解机构养老。养老机构可以设立开放日，对志愿者、相关服务机构、居家养老老人及其家属开放，推动各主体对机构养老形成直观认识。通过破除文化壁垒，提高从家庭养老到机构养老过程中老年人及其家属的适应性。

三　加强家庭与机构沟通，减少信息不对称

可以在养老机构内设立定期/不定期、线上/线下、小组/个人等多

种形式的家庭与机构沟通机制，使家庭了解老年人在家庭和机构内生活的异同，针对老人特点及时调整服务内容和方式，减少意外风险发生。机构可以推进服务可视化，进一步规范服务标准、服务记录和服务监督方式，邀请监管机构、社区、行业协会、社会组织、家属等共同参与服务监督，使公众信任机构养老服务，减少信息不对称。

四 建立意外风险应对机制，使风险处理常规化

机构养老意外风险分配正义，即风险在社会不同群体或责任主体之间的分配符合社会正义（杨雪冬，2006），是应对意外风险的重要前提。为化解矛盾，防止意外发生后家属无端"闹大"事情，应在风险应对实践基础上，联合民政、公安、卫健、养老机构、家属等，共同建立意外风险常态化应对机制，形成应急预案，充分考虑各方对处理结果的接受程度，及时有效化解意外风险导致的次生风险。

参考文献

白玫、朱庆华，2016，《智慧养老现状分析及发展对策》，《现代管理科学》第 9 期。

白增博、汪三贵、周园翔，2020，《相对贫困视域下农村老年贫困治理》，《南京农业大学学报》（社会科学版）第 4 期。

鲍磊，2016，《风险：一种"集体构念"——基于道格拉斯文化观的探讨》，《学习与探索》第 5 期。

蔡玉卿，2018，《网格化管理视角下社会监督的逻辑、困境与超越》，《行政论坛》第 4 期。

蔡政儒、杨晓波，2023，《智慧养老的现状及其未来应用模式研究》，《科技资讯》第 3 期。

曹梦甜，2022，《健康养老，防诈于未然》，《中国人口报》7 月 19 日。

柴玲、包智明，2010，《当代中国社会的"差序格局"》，《云南民族大学学报》（哲学社会科学版）第 2 期。

陈驰，2019，《美国 PACE 社区养老模式在我国的引进、改良与实践》，《中国护理管理》第 2 期。

陈际华、黄健元，2018，《农村空巢老人互助养老：社会资本的缺失与补偿——基于苏北 S 县"老年关爱之家"的经验分析》，《学海》第 6 期。

陈凯雯，2016，《建立适合中国的长期护理保险制度研究综述》，《社会福利》（理论版）第 9 期。

陈松林、高丽杰、储叶青、樊婷婷，2021，《新时代全景式智慧养老模式研究》，《安徽农业大学学报》（社会科学版）第2期。

陈为智、齐铱、吴欣怡，2018，《慢性病科技养老实践前沿进展、评价及展望》，《中国公共卫生》第7期。

陈伟，2015，《英国、我国香港与台湾地区养老服务之理念与经验——对我国内地"社区居家养老服务"的借镜与反思》，《南京工业大学学报》（社会科学版）第2期。

陈晓菡，2021，《公共政策整合：内涵、价值及其路径探析》，《文山学院学报》第2期。

陈燕，2021，《习近平总书记的尊老敬老情怀》，《瞭望》第40~41期。

陈友华、邵文君，2021，《智慧养老：内涵、困境与建议》，《江淮论坛》第2期。

陈云霞，2017，《江苏省宜兴丰汇水芹专业合作社 互促互帮 以产业实现养老》，《中国合作经济》第4期。

褚思真，2012，《对中国人口老龄化问题的思考》，《现代商业》第36期。

崔思凝，2017，《惯习、资本与场域：布迪厄实践理论及其对中国公共政策过程研究的启示》，《湖北社会科学》第9期。

戴建兵、高焰，2021，《我国农村互助养老的研究进展和趋势——基于Citespace的可视化计量分析》，《社会保障研究》第6期。

单忠献，2016，《智慧居家养老服务的实践模式与发展对策—— 以青岛市为例》，《老龄科学研究》第8期。

党俊武，2023，《人类知识体系和学科体系的革命——加快推动中国气派老龄科学学科体系建设步伐》，《老龄科学研究》第1期。

邓伟志，2009，《社会学辞典》，上海辞书出版社。

刁春婷、曾美娜，2020，《老年人网络自我效能感与网络诈骗应对的关系》，《中国老年学杂志》第10期。

丁丽曼、傅利平、谢宇，2022，《医养结合运行的影响因素及其机制——基于多案例的比较分析》,《中国行政管理》第 2 期。

丁煜、朱火云,2022,《农村互助养老的合作生产困境与制度化路径》,《厦门大学学报》(哲学社会科学版)第 1 期。

董红亚,2010,《养老服务社会化:嵊州模式研究》,中国社会出版社。

窦皓、叶丰收,2022,《超 65 岁老人家庭医生签约近九成 浙江嘉兴健康城市建设有成效》,《人民日报》11 月 27 日。

杜鹏、王永梅,2019,《乡村振兴战略背景下农村养老服务体系建设的机遇、挑战及应对》,《河北学刊》第 4 期。

杜鹏、王永梅,2017,《中国老年人社会养老服务利用的影响因素》,《人口研究》第 3 期。

斐迪南·滕尼斯,1999,《共同体与社会》,林荣远译,商务印书馆。

高颖、关晓清、王希超、关琰珠、李承瑞、夏博宇,2021,《积极老龄化视角下时间银行互助养老模式》,《中国老年学杂志》第 9 期。

郭远智、周扬、韩越,2019,《中国农村人口老龄化的时空演化及乡村振兴对策》,《地理研究》第 3 期。

海莉娟,2019,《综合性农民合作社及与乡村振兴战略的耦合机制研究》,《贵州社会科学》第 12 期。

韩国明、李伟珍,2012,《村庄公共产品供给框架下农民合作社的生成路径分析——基于历史制度主义视角》,《农村经济》第 1 期。

韩鑫,2020,《智慧养老产业规模将超 4 万亿》,《品牌研究》第 2 期。

韩艳,2015,《中国养老服务政策的演进路径和发展方向——基于 1949—2014 年国家层面政策文本的研究》,《东南学术》第 4 期。

韩永,2022,《12 部委发力,如何斩断伸向老人钱袋子的"黑手"?》,《中国新闻周刊》7 月 18 日。

韩振秋,2020,《我国农村幸福院问题、成因及对策——基于五省调研数据分析》,《学术探索》第 5 期。

何晖,2021,《政府主导型农村互助养老:衍生逻辑·实践框架·路径取向》,《吉首大学学报》(社会科学版)第 4 期。

何慧丽、杨光耀，2019，《农民合作社：一种典型的本土化社会企业》，《中国农业大学学报》（社会科学版）第 3 期。

贺雪峰，2020，《互助养老：中国农村养老的出路》，《南京农业大学学报》（社会科学版）第 5 期。

赫英淇、唐恒，2017，《构建提升专利质量的政策体系研究——从市场需求出发》，《知识产权》第 2 期。

胡伯龙、申龙均，2016，《浅析韩国农协对我国农民合作社的启示》，《吉林省经济管理干部学院学报》第 3 期。

胡宏伟、汪钰、王晓俊、张澜，2015，《"嵌入式"养老模式现状、评估与改进路径》，《社会保障研究》第 2 期。

胡宜、魏芬，2011，《复兴孝道：老年组织与农村养老保障——以洪湖渔村老年协会为例》，《中国农业大学学报》（社会科学版）第 4 期。

胡湛、彭希哲，2018，《应对中国人口老龄化的治理选择》，《中国社会科学》第 12 期。

黄俊辉，2020，《政府责任视角下的农村养老服务供给研究》，中国政法大学出版社。

黄鲁成、常兰兰，2016，《基于专利的技术景观四侧面分析框架——以老年福祉技术为例》，《科技管理研究》第 21 期。

黄晓曼、姜雨馨、林千钰、柳雯婧、赵新月、梁静怡，2022，《河北省城市社区嵌入式养老模式研究》，《中国市场》第 11 期。

黄昕，2020，《"人工智能+养老"服务模式探究》，《西安财经大学学报》第 5 期。

黄懿炘、刘美兰、彭献莹、梁新苗、邹小芳，2021，《长期护理保险制度下居家护理服务的研究进展》，《护理学杂志》第 11 期。

黄源协、陈伶珠、童伊迪，2019，《个案管理与照顾管理》（第二版），双叶书廊有限公司。

汲朋飞、王健、张彦立，2015，《借力农民专业合作社打造新型农村养老模式》,《中国集体经济》第 13 期。

纪春艳,2018,《新型城镇化视角下农村互助养老模式的发展困境及优化策略》,《农村经济》第 1 期。

贾萍,2014,《优化上海市松江区社区养老服务质量的研究》,硕士学位论文,上海工程技术大学。

贾玉娇、范家绪,2019,《从断裂到弥合:时空视角下家庭养老保障功能的变迁与重塑》,《社会科学战线》第 7 期。

江文娟,2021,《基于层次分析法的"物业+养老"的策略优选——以安徽省合肥市为例》,《合肥工业大学学报》(社会科学版)第 2 期。

焦若水、马治龙,2020,《农村公办养老资源的错配与适应性改进——基于甘肃省 K 县 M 镇的调研》,《探索》第 6 期。

景天魁,2015,《创建和发展社区综合养老服务体系》,《苏州大学学报》(哲学社会科学版)第 1 期。

瞿礼萍、曾洁、黄倩倩、康琪、施晴、邹文俊,2020,《我国高校生物医药类专利转化现状研究》,《科技管理研究》第 14 期。

阚清泉、曹信邦,2019,《长期护理保险筹资理论研究综述》,《经济师》第 3 期。

孔祥智、楼栋、何安华,2012,《建立新型农业社会化服务体系:必要性、模式选择和对策建议》,《教学与研究》第 1 期。

李芬、高向东,2019,《家庭结构变迁:城市纯老家庭养老服务环境与需求探讨》,《现代城市研究》第 2 期。

李南,2020,《元治理视角下城市社区居家养老服务机制研究——以成都市郫都区 F 社区日间照料中心为例》,硕士学位论文,西华大学。

李俏、贾春帅,2020a,《合作社带动农村产业融合的政策、动力与实现机制》,《西北农林科技大学学报》(社会科学版)第 1 期。

李俏、贾春帅,2020b,《合作社养老:运行逻辑、实践检视与未来展望》,《改革》第 2 期。

李俏、刘亚琪，2018，《农村互助养老的历史演进、实践模式与发展走向》，《西北农林科技大学学报》（社会科学版）第 5 期。

李俏、孙泽南，2019，《产业融合背景下合作社参与农村养老供给的实践机制》，《重庆社会科学》第 8 期。

李俏、孙泽南，2021，《合作社融入农村养老供给的逻辑、模式与效应》，《西北农林科技大学学报》（社会科学版）第 1 期。

李全生，2008，《布迪厄的社会结构理论述评》，《济南大学学报》（社会科学版）第 6 期。

李蕊，2022，《新时代破解农村养老难题的路径探索》，《人民论坛》第 5 期。

李学斌，2012，《福利多元主义视角下的城市社区养老服务模式研究——以南京市为例》，硕士学位论文，南京大学。

李学斌，2013，《西方社区养老服务及其对我国的启示》，《城市观察》第 4 期。

李永萍，2015，《"养儿防老"还是"以地养老"：传统家庭养老模式分析》，《华南农业大学学报》（社会科学版）第 2 期。

李永萍，2021，《中国农村养老的制度优势与实践定位——兼论互助养老的路径》，《贵州社会科学》第 8 期。

李志宏，2021，《构建居家社区养老生活共同体破解养老难题》，《中国国情国力》第 10 期。

林菡雅，2017，《台湾长期照护服务发展趋势》，《台湾长期照顾关怀协会》。

林克雷、李全生，2007，《广义资本和社会分层——布迪厄的资本理论解读》，《烟台大学学报》（哲学社会科学版）第 4 期。

刘超，2022，《"老人不老"：乡村自组织养老模式及其社会基础——基于湖北省 G 乡老年人协会的调查》，《农村经济》第 5 期。

刘利君，2016，《养老机构住养老人事故风险管理实证研究》，《内蒙古社会科学》（汉文版）第 3 期。

刘妮娜，2020，《互助型社会养老：乡土模式的理论与实践》，社会科学文献出版社。

刘琪、李春玉、刘晨红、李伊傲，2018，《整合照料式养老服务研究现状及发展趋势》，《现代预防医学》第 21 期。

刘霞，2018，《智慧社区养老视角下健康养老服务体系的构建》，《中国老年学杂志》第 7 期。

刘燕，2016，《制度化养老的意外后果及其风险分配——基于纵向多案例研究》，《社会保障研究》第 6 期。

刘艺、蒲威东，2020，《乡村振兴：农村老龄化与社会工作介入——以山东省 W 市 H 村为例》，《扬州大学学报》（人文社会科学版）第 1 期。

楼旭明、张程锦、唐影，2020，《基于专利分析和 TRIZ 理论的无人机技术态势研究》，《情报杂志》第 2 期。

陆杰华、黄钰婷，2022，《新时代构建社区养老共同体的理论和实践探究》，《晋阳学刊》第 2 期。

罗晓晖，2021，《乡土公共性建构：破解农村互助养老发展困境之道》，《长白学刊》第 4 期。

茆长宝、熊化忠，2019，《乡村振兴战略下农村人口两化问题与风险前瞻》，《西南民族大学学报》（人文社科版）第 8 期。

门磊、孙丹，2017，《吉林省开展长期护理保险试点工作综述》，《劳动保障世界》第 16 期。

J. 弥尔顿·英格，2013，《反文化与亚文化》，黄瑞玲译，《国外理论动态》第 10 期。

米恩广，2020，《可得-可及-有效：农村互助养老服务的公益性供给逻辑与优化》，《大理大学学报》第 11 期。

潘旦，2020，《正向老龄化理论下老年社会工作智能化发展研究》，《华东理工大学学报》（社会科学版）第 5 期。

潘黎玫，2012，《完善上海为老服务体系研究》，硕士学位论文，上海工程技术大学。

潘琳，2018，《社区嵌入式智慧养老服务模式的创新研究——以安徽乐年长者之家为例》，《宿州学院学报》第 3 期。

潘屹，2017，《长期照护保障体系框架研究——以青岛市长期医疗护理保险为起点》，《山东社会科学》第 11 期。

皮埃尔·布迪厄，1997，《文化资本与社会炼金术》，包亚明译，上海人民出版社。

平力群、田庆立，2016，《日本构建"地域综合照护体系"政策理念的提出及其制度化》，《社会保障研究》第 5 期。

齐鹏，2022，《农村幸福院互助养老困境与转型》，《南京农业大学学报》（社会科学版）第 3 期。

乔晓春，2022，《全国有多少人和哪些人住在养老机构?》，《社会政策研究》第 4 期。

秦愚，2018，《利用新集体行动理论揭示农民合作社制度》，《农业经济问题》第 3 期。

裘江南、张野，2016，《中国高技术企业国际化中的专利布局研究》，《科研管理》第 11 期。

屈群苹、杜劲蕾，2022，《社会风险的认知与防范——一种类型学的理论考察》，《中共杭州市委党校学报》第 5 期。

阮成武，2019，《高校教师职业生涯发展的场域转换及惯习重构》，《华东师范大学学报》（教育科学版）第 5 期。

邵文娟，2013，《物业参与养老服务供给的调查研究——以大连市为例》，《长春理工大学学报》（社会科学版）第 2 期。

邵兴全，2018，《农民合作社与社会责任：理论、现状及对策》，《中国农民合作社》，第 7 期。

申龙均、韩忠富，2014，《韩国综合农协对我国发展农民综合合作社的启示》，《经济纵横》第 5 期。

石绍宾，2009，《农民专业合作社与农业科技服务提供——基于公共经济学视角的分析》，《经济体制改革》第 3 期。

司富春，2016，《中小城市社区居家养老模式和实践路径研究》，《中国发展》第 4 期。

苏坤，2019，《"大物移云+"：智慧养老模式的趋势研究——以乌镇"椿熙堂"为例》，《北京印刷学院学报》第 11 期。

孙迪亮，2017，《农民合作社参与供给农村社区公共服务的绩效与问题》，《齐鲁学刊》第 2 期。

孙晓红、王晨阳，2020，《农村养老合作社的立法保障研究》，《山西农业大学学报》（社会科学版）第 1 期。

孙泽南、李俏，2021，《合作社供给农村公共服务的内涵、逻辑与效应研究——基于文献回顾视角》，《新疆农垦经济》第 2 期。

唐宗焜，2012，《合作社的真谛》，知识产权出版社。

唐宗焜，2007，《合作社功能和社会主义市场经济》，《经济研究》第 12 期。

田北海、王彩云，2014，《城乡老年人社会养老服务需求特征及其影响因素——基于对家庭养老替代机制的分析》，《中国农村观察》第 4 期。

田玲，2006，《布尔迪厄生存心态理论中的互动关系及特征》，《北京大学学报》（哲学社会科学版）第 3 期。

童峰，2021，《多系统互动智慧养老服务体系的构建与应用对策》，《南通大学学报》（社会科学版）第 2 期。

童潇、郑先平，2023，《我国智慧养老服务发展的现状、困境及对策》，《卫生软科学》第 7 期。

涂炯，2016，《医闹的道义和权力"游戏"》，《甘肃行政学院学报》第 1 期。

万颖杰，2021，《村庄本位视角下农村互助养老的发展困境与应对策略》，《中州学刊》第 11 期。

汪建华，2019，《小型化还是核心化——新中国 70 年家庭结构变迁》，

《中国社会科学评价》第 2 期。

王格，2022，《大数据时代电信网络诈骗犯罪治理研究——以新时代"枫桥经验"为视角》，《法治与经济》第 2 期。

王欢，2008，《居家养老服务管理智能系统研发成功》，《北京社会报》8 月 20 日。

王佳伟，2022，《物业服务如何助力破解社区养老服务难题》，《中国社会报》2 月 17 日。

王健、任喆、张悦玲，2015，《农业合作社养老模式的初探——"益源养老模式"》，载《第十届中国软科学学术年会论文集》，中国软科学杂志社。

王乐芝、曾水英，2015，《关于失能老人状况与老年长期护理保险的研究综述》，《人口学刊》第 4 期。

王群、杨瑾，2019，《长期护理保险需求研究综述》，《中国卫生事业管理》第 12 期。

王伟进，2015，《互助养老的模式类型与现实困境》，《行政管理改革》第 10 期。

王文章，2021，《维持社会稳定性的根本要素及其重要支撑》，《人民论坛》第 8 期。

王雯、朱又妮、叶银，2022，《老年人社区整合型照护服务：国际经验与治理借鉴》，《西安财经大学学报》第 2 期。

王小丹、刘艳萍，2015，《我国养老服务瓶颈与对策探讨》，《经贸实践》第 11 期。

王晓峰、郭东阳、孙传勇，2021，《我国社区居家养老的困境及破解——基于社区边界区分的视角》，《吉林大学社会科学学报》第 3 期。

王晓慧、向运华，2019，《老年智慧照护服务体系探究》，《学习与实践》第 5 期。

王懿范、李玉春、洪燕妮、陈逸卉、赵于贤，2016，《整合照顾概念及

模式的引导》，载王懿范、邱文达等《医疗与长照整合》，五南图
书出版股份有限公司。

魏蒙，2021，《中国智慧养老的定位、不足与发展对策》，《理论学刊》
第 3 期。

文婧，2020，《日本的养老服务模式及其经验教训》，《特区经济》第
1 期。

乌尔里希·贝克，2018，《风险社会：新的现代性之路》，张文杰、何
博闻译，译林出版社。

乌尔里希·贝克，2005，《风险社会政治学》，刘宁宁、沈天霄编译，
《马克思主义与现实》第 3 期。

吴香雪、杨宜勇，2016，《社区互助养老：功能定位、模式分类与机制
推进》，《青海社会科学》第 6 期。

吴雪，2021，《智慧养老产业发展态势、现实困境与优化路径》，《华东
经济管理》第 7 期。

吴银银，2018，《教师实践性知识养成的叙事探究：一种基于"场域"
理论的个案分析》，《当代教育与文化》第 5 期。

吴玉霞、沃宁璐，2016，《我国智慧养老的服务模式解析——以长三角
城市为例》，《宁波工程学院学报》第 3 期。

肖飞，2013，《农村互助合作组织是推动农村发展的重要力量——对河
南信阳市平桥区夕阳红养老资金互助合作社的调查》，《中国农民
合作社》第 7 期。

谢培熙，2020，《社会养老意外风险治理的社区路径：基于济南的实地
调查》，《常州大学学报》（社会科学版）第 5 期。

谢涛，2018，《长期护理保险需求影响因素文献综述》，《劳动保障世
界》第 12 期。

徐玲玲、郭培栋，2020，《技术视角下我国智慧养老的发展现状及启
示》，《科学发展》第 8 期。

徐拓远、张云华，2021，《"十四五"时期积极应对农村人口老龄化的

思路与举措》，《改革》第 10 期。

徐晓君、薛兴利，2017，《关于老年人长期照护服务问题的研究综述》，《产业与科技论坛》第 23 期。

徐旭初，2014，《农民合作社发展中政府行为逻辑：基于赋权理论视角的讨论》，《农业经济问题》第 1 期。

徐延峰，2020，《成都市社区嵌入式养老服务发展案例研究》，硕士学位论文，电子科技大学。

颜玮，2018，《中国家庭的功能演变与养老模式的适应性变迁》，《广西社会科学》第 5 期。

杨成虎，2019，《我国社区居家养老政策发展研究——基于 1982—2018 年国家政策文本的分析》，《安徽行政学院学报》第 2 期。

杨舫，2021，《应对家庭结构变迁，创新居家社区养老》，《光明日报》 12 月 16 日。

杨立春，2019，《农村空巢老人参与互助养老的现实困境与实施路径》，《农业经济》第 8 期。

杨团、孙炳耀，2012，《公法社团：中国三农改革的"顶层设计"路径——基于韩国农协的考察》，《探索与争鸣》第 9 期。

杨晓娟、丁汉升、杜丽侠，2016，《美国老年人全面照护服务模式及其启示》，《中国卫生资源》第 4 期。

杨雪冬，2006，《风险社会与秩序重建》，社会科学文献出版社。

杨郁、刘彤，2018，《国家权力的再嵌入：乡村振兴背景下村庄共同体再建的一种尝试》，《社会科学研究》第 5 期。

阴启峰、秦立建，2020，《乡村振兴背景下完善合作社养老模式研究》，《中国合作经济》第 9 期。

于梦璐，2019，《个案管理视角下养老机构整合照护服务探究——以上海市 H 社会福利院重度照护老年人服务为例》，硕士学位论文，上海师范大学。

苑鹏，2013，《"公司+合作社+农户"下的四种农业产业化经营模式探析——从农户福利改善的视角》，《中国农村经济》第 4 期。

苑鹏，2015.《日本综合农协的发展经验及其对中国农村合作社道路的借鉴》，《农村经济》第 5 期。

翟礼萍，2020.《我国高校生物医药类专利转化现状研究》，《科技管理研究》第 14 期。

詹弘延，2020，《整合型社区照顾的实践策略——以埔里地区为例》，载《长期照顾：观念、政策与实务检视》，双叶书廊有限公司。

张博，2019，《智慧健康养老产业发展困境与出路——基于有效供给视角》，《兰州学刊》第 11 期。

张超、吴春梅，2015，《合作社公共服务满意度实证研究——基于 290 户中小社员的调查证据》，《经济学家》第 3 期。

张广利、陈盛兰，2014，《拉什自反性现代化理论及启示》，《福建论坛》（人文社会科学版）第 2 期。

张雷、韩永乐，2017，《当前我国智慧养老的主要模式、存在问题与对策》，《社会保障研究》第 2 期。

张林、牟忠琛、刘燊、高飞，2017，《社会支持与老年人受骗倾向的关系：一个有中介的调节模型》，《心理与行为研究》第 6 期。

张宁，2012，《风险文化理论研究及其启示——文化视角下的风险分析》，《中央财经大学学报》第 12 期。

张世青，2022，《从道德义务到超义务：农村民间互助养老可持续发展的伦理转向》，《老龄科学研究》第 1 期。

张婷，2022，《聚焦急难愁盼，谋划养老护理人才队伍高质量发展》，《中国社会报》3 月 12 日。

张仙桥、李德滨，2011，《中国老年社会学》，社会科学文献出版社。

张杨、刘昊，2019，《关于我国长期照护保险的文献综述》，《农村经济与科技》第 15 期。

张银华、袁群、何嵘、曹伏明，2015，《养老机构老人常见意外事故发生的原因和预防》，《中国民康医学》第 20 期。

张友浪、韩志明，2021，《社会风险治理视角下的非正式诉求表达》，《中国行政管理》第 18 期。

张志元，2021，《乡村振兴战略下农村养老服务高质量发展研究》，《广西社会科学》第 11 期。

赵向红、王小凤、李俏，2017，《中国养老政策的演进与绩效》，《青海社会科学》第 6 期。

赵燕、温晓君、石岩，2020，《2020 年我国智慧养老产业规模将突破 4 万亿元》，《中国电子报》10 月 13 日。

郑嘉意，2023，《老龄化进程加速居家养老经济、服务、科技方面均有巨大缺口待补充》，《21 世纪经济报道》2 月 8 日。

郑剑，2012，《社会资本理论及其当下的社会适用性》，《河南社会科学》第 6 期。

郑雄飞、吴振其，2022，《孝而难养与守望相助：农村空巢老人互助养老问题研究》，《内蒙古社会科学》第 2 期。

周富玲、张继元，2018，《长期护理保险体系社商协作机制研究综述》，《社会福利》（理论版）第 12 期。

周连根，2013，《网格化管理：我国基层维稳的新探索》，《中州学刊》第 6 期。

邹华、马凤领，2014，《养老机构意外事件分类研究》，《老龄科学研究》第 3 期。

左美云，2014，《智慧养老的内涵、模式与机遇》，《中国公共安全》第 10 期。

左美云，2018，《智慧养老：内涵与模式》，清华大学出版社。

Bateman, D. I., Edwards, J. R., and Levay, C. 1979. "Agricultural Co-operatives and the Theory of the Firm." *Oxford Agrarian Studies*, (8): 63-81.

Carpenter, I., Gambassi, G., et al. 2004. "Community Care in Europe. The Aged in Home Care Project（AdHOC）." *Aging Clinical and Ex-*

perimental Research, 16 (4).

Demiris, G. , Rantd, M. , Aud, M. A. , et al. 2004. "Older Adults' Attitudes Towards and Perceptions of 'Smart Home' Technologies: A Pilot Study." *Medical Informatics and the Internet in Medicine*, 29 (2).

Dong, H. , Zhou, Y. 2021. "Participation of Social Organizations in Embedded Elderly Care Services in Urban Communities from the Perspective of Cooperative Governance: Interactions, Dilemmas and Strategies—Taking the SX Health Care Center in City C as an Example." *Academic Journal of Business & Management*, 3 (6).

Fan, X. , Lu, X. 2018. "Connotation and Causes of Home—Based Community Care under the Trend of Aging Society." *Journal of Simulation*, 6 (5).

Harris, J. 1998. "Scientific Management, Bureau-professionalism, New Managerialism: The Labour Process of State Social Work." *British Journal of Social Work*.

Hentig, H. V. 1949. "The Criminal and His Victim." *Social Forces*, 27 (4).

Judges, R. A. , Gallant, S. N. , Yang, L. X. , et al. 2017. "The Role of Cognition, Personality, and Trust in Fraud Victimization in Older Adults." *Frontiers in Psychology*.

Kim, J. Y. 2013. "Development of Agricultural Cooperatives for Revitalization of the Rural Community – Focused on the Case Study of 'Sunkist' ." *International Journal of Smart Home*.

Letitia, T. A. 1986. *Crime and Older Americans Springfield*. IL: Charles C. Thomas Publisher.

Lichtenberg, P. A. , Stickney, L. , and Paulson, D. 2013. "Is Psychological Vulnerability Related to the Experience of Fraud in Older Adults?" *Clinical Gerontologist*, 36 (2).

Lê, Q. , Nguyen, H. B. , and Barnett, T. 2012. "Smart Homes for Older People: Positive Aging in a Digital World. " *Future Internet*, 4 (2).

Mccabe, K. A. , Gregory, S. S. 1998. "Elderly Victimization: An Examination beyond the FBI's Index Crimes. " *Research on Aging*.

Nilsson, J. , Svendsen, G. , and Svendsen, G. 2012. "Are Large and Complex Agricultural Cooperatives Losing Their Social Capital?" *Agribusiness*, 28 (2).

Park, A. L. 2016. "Social Renewal Through the Rural: Agricultural Cooperatives in South Korea as a Form of Critiquing Capitalism. " *Global Environment* , 9 (1) .

Parsons, T. 1951. *The Structure of Social Action: A Study in Social Theory*. New York: McGrew-Hill Book Company Inc.

Payne, M. 2000. *Teamwork in Multiprofessional are*. London: Macmillan.

Pichat, B. 1956. "The Population Aging and Its Social Economic Implication. " United Nations.

Puusa, A. , Monkkonen, K. , and Varis, A. 2013. "Mission Lost? Dilemmatic Dual Nature of Co-operatives. " *Journal of Co-operative Organization and Management*, 1 (1).

Roy, N. , Baltus, G. , Fox, D. , et al. 2000. "Towards Personal Service Robots for the Elderly. " Workshop Paper, Workshop on Interactive Robots and Entertainment (WIRE'00).

Sexton, R. J. 1986. " The Formation of Cooperatives: A Game-Theoretic Approach with Implications for Cooperative Finance, Decision Making and Stability. " *American Journal of Agricultural Economics*, 68 (2).

Vazquez, D. G. , Hernandez, M. I. S. , and Polo, F. C. 2014. "Theoretical and Methodological Framework for the Qualitative Validation of an Explanatory Model of Social Responsibility in Cooperatives Societies. " *Management Research*, 12 (3).

WHO. 2008. "Integrated Health Services—What and Why?" Making Healthcare System Work Technical Brief, No. 1.

Willett, A. H. 1901. "The Economic Theory of Risk and Insurance." In *Studies in History, Economics, and Public Law*, edited by Allen, H., Willett, A. H., p. 142. New York: The Columbia University Press.

Yang, J. 2017. "The Comparative Study of Community—Based Elderly Care in China." *World Journal of Social Science Research*, 4 (4).

Yan, Y., 2021. *Chinese Families Upside Down: Intergenerational Dynamics and Neo-familism in the Early 21st Century*. Brill Academic Pub.

Yin, R. K. 2005. *Introducing the World of Education: Acase Study Reader*. Thousand Oaks, C. A. : Sage.

图书在版编目(CIP)数据

　　城乡养老服务模式：实践创新与经验反思 / 孙旭友
等著 . -- 北京：社会科学文献出版社，2025.1（2025.9 重印）.
（社会工作与社会治理丛书）. -- ISBN 978-7-5228-4325-
4

　　Ⅰ . D669.6

　　中国国家版本馆 CIP 数据核字第 2024SJ7026 号

社会工作与社会治理丛书

城乡养老服务模式：实践创新与经验反思

著　　者 / 孙旭友　闫小红　等

出 版 人 / 冀祥德
责任编辑 / 胡庆英
文稿编辑 / 赵亚汝
责任印制 / 岳　阳

出　　版 / 社会科学文献出版社·群学分社（010）59367002
　　　　　　地址：北京市北三环中路甲 29 号院华龙大厦　邮编：100029
　　　　　　网址：www.ssap.com.cn
发　　行 / 社会科学文献出版社（010）59367028
印　　装 / 唐山玺诚印务有限公司

规　　格 / 开　本：787mm×1092mm　1/16
　　　　　　印　张：14.5　字　数：205 千字
版　　次 / 2025 年 1 月第 1 版　2025 年 9 月第 2 次印刷
书　　号 / ISBN 978-7-5228-4325-4
定　　价 / 89.00 元

读者服务电话：4008918866